George Lafenestre

Les Salons de 1895

Critique

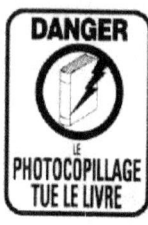
ISBN : 978-1981201211

10 9 8 7 6 5 4 3 2 1

George Lafenestre

Les Salons de 1895

Critique

Table de Matières

LA PEINTURE

Le vent de folie dépensière et tapageuse qui, depuis quelque temps, agite les ingénieurs et les architectes, au grand dommage de nos promenades publiques et de nos monuments nationaux, semble devoir emporter à la fois, dans une tourmente prochaine, le jeune palais du Champ-de-Mars, où s'abrite la Société nationale des Beaux-Arts, et le vieux palais des Champs-Elysées, où réside la Société des Artistes français. L'Exposition universelle de 1900 sera la raison ou le prétexte de ces démolitions simultanées qui laisseront à la belle étoile les deux compagnies rivales, sans leur garantir peut-être pour l'avenir des installations mieux appropriées. Les Parisiens commencent à s'émouvoir, avec eux les provinciaux, et, par contre-coup, les étrangers. La suppression, même momentanée, de ces Salons encombrés et peu choisis, dont on maudit, par lassitude ou par genre, la médiocrité dans les premiers jours, mais où l'on ne cesse, pendant deux mois, d'aller prendre sa distraction et trouver son plaisir, leur paraît à tous une calamité redoutable ; tant ces fêtes annuelles de l'art, plus fréquentées que jamais par les gens du peuple comme par les gens du monde, par les bourgeois comme par les artistes, sont entrées dans les habitudes de notre vie nationale !

Que les dieux de l'administration écartent donc de nous ce calice ! Mais si leurs convictions mégalomanes ne leur permettaient pas de se rendre à nos prières, si le malheur arrive, qu'il soit bon à quelque chose ! Nous sera-t-il alors permis d'espérer voir dans l'avenir les deux sœurs ennemies, rapprochées par l'infortune, sinon s'embrasser sous le même toit, du moins y vivre côte à côte, pour le plus grand profit de nos jambes, de nos yeux et de nos esprits ? A vrai dire, plus vont les choses, moins le bon public peut voir, dans cette séparation de corps (qui a produit, dans la pratique, de sérieuses améliorations, sur la rive droite comme sur la rive gauche), une véritable question de principes, une lutte convaincue d'écoles et de systèmes. Au Champ-de-Mars, où les élèves du dur Meissonier continuent à se mêler aux disciples du tendre Puvis, l'on peut bien constater une tendance générale à chercher la qualité première de la peinture dans la tenue harmonique et dans l'unité calme de la coloration ; néanmoins, cette tendance n'y est point exclusive et la plupart même de ceux qui l'ont d'abord préconisée à outrance s'efforcent de donner à leurs harmonies des dessous plus résistants et plus corrects, d'après les traditions naguère démodées que les maîtres des Champs-Elysées avaient l'enfantillage de soutenir. Aux Champs-Elysées, où l'on a réussi à maintenir, dans l'intérêt des générations nouvelles, le culte de la composition réfléchie et celui des formes justes et pleines, nous ne voyons pas que ces préoccupations nécessaires empêchent les innovations les plus diverses et les plus hardies, dans tous les sens, et les affolés de modernisme, en fait de niaiseries symbolistes ou de naturalisme ordurier, ne s'y trouvent guère plus gênés qu'ailleurs pour exprimer, en des langages spéciaux, leurs confuses aspirations ou leurs sensations grossières. En réalité, il n'y a qu'une école française, troublée, agitée. inquiète, tâtonnant de droite et de gauche, aussi bien là-bas qu'ici près, sans but arrêté, sans parti pris décidé, où qu'on l'examine et où qu'on la prenne ; de tous les côtés aussi il y a une école laborieuse, vivante, ambitieuse, qui aboutira demain si elle ne le fait pas aujourd'hui, et qui conserve, malgré tout, au milieu des étrangers, nourris par elle, qui l'assiègent et qui l'envahissent, des qualités de race, une conscience du métier, une franchise d'observation, une clarté d'expression qui la feront sortir, à son honneur, de cette crise passagère. Examinons d'abord les Français dans les deux Salons, nous verrons ensuite les étrangers.

I

Les facultés les plus sérieusement atteintes par les théories paradoxales dont ils commencent à revenir ont été, chez nos peintres, les facultés imaginatives, celles qui sont nécessaires à l'exercice de la peinture monumentale, décorative ou historique. Ce n'est pas qu'on n'ait chanté, plus que jamais, à tue-tête et pardessus les toits, des hymnes en l'honneur de l'art décoratif. Ne semblait-il pas à plus d'un qu'il venait, le matin même, d'en découvrir la science et les lois, comme si Le Brun, Boucher, Delacroix, vingt autres autour d'eux, n'y avaient point excellé sans l'attendre ? Par malheur, en même temps qu'on poussait les jeunes peintres à s'enhardir aux grandes entreprises, on leur retirait, d'autre part, les moyens d'y réussir, en leur prêchant, avec des airs inspirés et fanatiques, le mépris des études spéciales, l'oubli des traditions techniques, le culte de l'ignorance, et, comme seul respect, celui de leur propre infatuation : les résultats définitifs ne pouvaient donc guère répondre à l'attente. L'Hôtel de Ville de Paris et un grand nombre d'édifices provinciaux sont là pour témoigner de l'insuffisante préparation avec laquelle les peintres ont abordé le plus souvent les nobles tâches qui leur étaient confiées.

Les triomphes légitimes de M. Puvis de Chavannes ont jeté, dans l'esprit de la génération nouvelle, un trouble passager dont elle a peine à se remettre. Néanmoins, le nombre augmente à vue d'œil des artistes qui croient pouvoir, sans irrévérence, goûter, comme il sied, le charme, toujours élevé et délicat, de ses rêveries sereines, tout en refusant de prendre pour modèles des réalisations souvent fort incomplètes. Le panneau d'escalier destiné à la Bibliothèque de Boston, *les Muses inspiratrices acclamant le Génie, messager de lumière*, est disposé avec cette clarté résolument naïve et cette intelligence des silhouettes expressives qui restent les qualités maîtresses de M. Puvis de Chavannes, surtout lorsqu'il laisse ses visions errer » dans le monde harmonieux des souvenirs antiques, le monde qu'il a le plus fréquenté, le seul où il paraisse vraiment libre. Rien de plus noble, de plus aisé, de plus heureux que les mouvements, habilement variés dans leur uniformité, par lesquels les neuf chastes filles, en longues tuniques flottantes d'un blanc virginal, tenant d'une main la lyre ou le sistre, et, de l'autre, tendant le laurier et la couronne, s'avancent des deux côtés ou s'envolent vers le jeune génie, vers l'adolescent vainqueur qui se tient debout, en haut, au centre, au-dessus d'elles. Ces pâles apparitions, à la fois graves et légères, se profilent sur l'azur câline de la mer lointaine avec une grâce vive et rapide qui rappelle les figures charmantes tracées d'un fin pinceau par les peintres attiques sur la panse fuyante des élégants lécythes. C'est le même charme et le même naturel, ce sont aussi les mêmes procédés sommaires d'exécution, notamment pour les extrémités, et c'est là que notre inquiétude commence. Cette insouciance d'achèvement qui, dans ces figurines tracées hâtivement sur des objets usuels, aux surfaces convexes, nous amuse plutôt comme un témoignage de liberté sans prétention et d'habileté sans insistance, n'est-elle pas faite pour irriter, à la longue, les regards, lorsqu'il s'agit de figures de grandeur naturelle, gravement fixées sur un mur pour l'éternité ?

Hésiode ne nous dit-il pas que *les Grâces et le Désir* se tenaient toujours auprès de ces aimables filles lorsqu'elles montaient, en chantant, vers l'Olympe ? Ces divinités dominatrices de la vieille Hellade, connaisseuses délicates et difficiles en fait de beauté, vous auraient-elles donc escortées, ô Muses savantes et douces, si vous ne les aviez attirées par la perfection de vos formes autant que par la séduction de vos voix ?

Ce qui enchante, malgré tout, chez M. Puvis de Chavannes, c'est la sincérité visible de son rêve. Que de choses on peut passer, dans l'art comme dans la vie, à ceux qui aiment bien et font sentir qu'ils aiment ! Je me sens aussi beaucoup d'indulgence, malgré les chatouillements agaçants qu'inflige à ma rétine son tâtillonnage obstiné, pour le rêveur bizarre, mais convaincu, ce semble, qu'est M. Henri Martin. Les vices de son procédé, de ce pointillé pénible, minutieux, frétillant, qui décompose les colorations aussi bien que les formes, s'accentuent d'autant mieux qu'il l'applique sur de plus grandes toiles et plus indifféremment à toutes choses. Qu'il s'en serve pour donner à certaines parties, notamment à ses fonds, une vibration plus délicate ou plus intense, passe encore ; mais cet émiettement furieux des molécules, celle réduction systématique des objets en poussières impalpables, deviennent tout à fait choquants lorsqu'ils ont la prétention de représenter également des corps solides, des visages charnus, de souples tissus, des végétaux mobiles ou de rigides métaux. Toute peinture, sans doute, la peinture décorative surtout, vit de conventions ; libre à l'artiste d'y voir tout en gris, en bleu ou en rose ! C'est son métier, c'est sa gloire d'idéaliser toutes choses, en les faisant passer île la nature dans l'art. Toutes les transpositions lui sont donc permises, sous la seule condition d'y conserver, entre les choses, les rapports nécessaires qu'elles ont dans la réalité. Qu'une figure soit dessinée au crayon ou à la sanguine, peinte en grisaille ou de couleurs naturelles, sculptée en pierre ou en bois, elle ne restera, pour nos yeux, une vraie figure que si les chairs y gardent une autre apparence que les vêtements, que si les mains et les pieds n'y sont pas traités comme des cheveux et de la barbe. Or le procédé des pointillistes, poussé à l'extrême, supprime toute diversité d'aspect entre les visages, les tissus, les végétaux, le paysage. Hâtons-nous de dire que M. Henri Martin n'en est plus là, et que dans cette frise pour l'Hôtel de Ville, il montre lui-même, çà et là, instruit par la nécessité, quelques intentions d'en revenir à des pratiques plus logiques et plus viriles. La disposition en est à la fois simple, ingénieuse, claire et justement appropriée. Au-dessus des trois arcades cintrées, correspondant à des ouvertures de portes, qui coupent et divisent la toile, s'étend un fond de bois, une sapinière ensoleillée, dont les fûts jaunâtres se dressent au milieu de claires et vivaces floraisons printanières. Dans le centre, en plein bois, une femme en blanc, une des Muses, qui pleure, la tête dans ses mains. A gauche, en bas, dans une des retombées, un peintre assis, la palette en main, coiffé d'un bonnet rouge. C'est le maître de M. Henri Martin, M. Jean-Paul Laurens. Il travaille et rêve, et, au-dessus de lui, par derrière, arrivent, planant d'un vol doux et lent, deux autres Muses, l'une portant une lyre, l'autre applaudissant ; plus loin, une quatrième tient sur ses genoux, un enfant debout, qui, de ses petites mains, élève une haute palme. Sur la droite, la même conception se répète, pour un poète, mais avec des variétés délicates dans les attitudes et dans les gestes. Le poète, en redingote noire, est endormi, et l'une des Muses le baise déjà sur le front, tandis que deux autres, dans le ciel, pressent, pour la rejoindre, le mouvement de leurs grandes ailes dorées et roses ; à l'extrémité, un poète ancien, quelque Orphée mélancolique, regarde et médite. L'association des figures modernes aux figures imaginaires est opérée avec un rare bonheur ; il n'y a rien de banal ni de prétentieux dans l'expression des silhouettes non plus que des physionomies. On sent que toute cette rêverie vient d'une âme d'artiste, sincère, chaste, élevée. Et cet artiste est aussi un peintre, car, sans parler de l'exquise lumière qui filtre à travers ces troncs, ces feuillages, ces fleurs, les piquant çà et là d'éclairs attendris, on ne saurait rester insensible à certaines fraîcheurs de colorations, vives et fines, qui, de tous côtés, réjouissent l'œil, comme des bouquets soigneusement assortis. En présence de telles qualités, en présence d'un tel progrès, faut-il faire un crime à M. Henri Martin de nous montrer encore trop de restes fâcheux de ses anciennes habitudes ? Faut-il trop durement lui reprocher l'inconsistance et l'insensibilité des parties nues, visages et mains, par suite de la suppression simultanée des contours et des modelés, certaines affectations de gaucheries soi-disant primitives dans l'arrangement et l'exécution des draperies ? Une fois en place, c'est possible, quelques-unes de ces insuffisances s'atténueront d'elles-mêmes ; en tout cas, il sera facile à l'artiste d'y remédier. La façon dont il reprend, avec courage et conscience, dans son autre peinture, *l'Inspiration*, un thème déjà traité par lui, nous prouve que M. Henri Martin possède la vertu essentielle à l'artiste, le souci de la perfection et la conscience de ses faiblesses. Les mérites particuliers de la frise de M. Henri Martin y éclatent d'autant mieux qu'elle se trouve voisine de deux autres décorations disposées de la même manière, au-dessus de plusieurs portes, par MM. Pierre Vauthier et Bonis. Il n'y a pas à discuter les sujets choisis, car les deux artistes en ont tiré bon parti pour la présentation et pour l'ordonnance. M. Vauthier a représenté, pour une salle de la mairie de Bagnolet, toute une population de banlieue en liesse, le jour du couronnement de la rosière, M. Bonis, pour une autre salle municipale, des *Coureurs* et des *Lutteurs* symbolisant les *Exercices physiques*. Là, des costumes du jour, des types populaires, de l'agitation familière ; ici, des draperies antiques, des nudités héroïques, des mouvements sculpturaux. Des deux côtés, un sentiment juste de l'harmonie colorée et de la liaison des figures avec le paysage. Des deux côtés aussi, par malheur, la même obéissance au préjugé courant, c'est-à-dire une atténuation systématique des nuances et des formes qui supprime, dans la fête, toute la gaieté et l'éclat de couleurs, (qu'on y cherche, dans la course et la lutte, toute la vigueur et le caractère de dessin qu'on y devrait trouver. La toile est triste qui devrait être joyeuse, et languissante et maladive celle qui devrait exprimer la santé et la force.

Il faut-être reconnaissons à MM. Roll et Lhermitte de n'avoir jamais donné dans ce culte à la mode de l'anémie et de la chlorose auquel peuvent sacrifier, sans qu'on s'en étonne, quelques grands prêtres ou petits clercs d'un dilettantisme plus littéraire que pittoresque mais qu'on est toujours surpris de voir pratiqué par des peintres de mœurs contemporaines, par ceux que leur métier même tient en rapports étroits et constants avec les réalités solides et éclatantes de la nature et de la vie. Tous deux en trouvent la récompense dans le progrès constant qui marque leurs grandes œuvres. L'imagination peut n'être qu'à moitié satisfaite de la conception très spéciale et quelque peu sensuelle, par laquelle M. Roll entend exprimer certaines *Joies de la vie*, celles que donnent les *Femmes*, les *Fleurs*, la *Musique*. On pouvait s'attendre à ce que ces joies fussent exprimées, d'une façon ou d'une autre, par un spectacle nettement idéal, ou par un spectacle franchement réel. M. Roll en juxtaposant, dans un bois de la banlieue, plusieurs baigneuses nues, Dryades ou Bacchantes, qui se roulent dans les herbes, et un trio de musiciens en habits noirs, qui jouent mélancoliquement quelque valse à la mode, au son de laquelle trépignent, dans le lointain, en rondes folles, des Parisiens et des Parisiennes endimanchés, s'est mis en présence d'extraordinaires difficultés. Ce n'est pas que l'accord de figures nues et de figures costumées, antiques et modernes, allégoriques et réelles, soit chose condamnable ou impossible. Nous avons vu cette alliance réalisée par M. Henri Martin et l'on pourrait citer vingt chefs-d'œuvre sans sortir du Louvre, tels que le *Concert champêtre*, les *Noces de Cana*, le *Débarquement à Marseille*, la *Liberté sur la barricade*, dans lesquels cet accord est produit, par l'exaltation générale du style et du coloris, d'une façon si naturelle, qu'il faut quelque réflexion pour se rappeler qu'on a devant soi l'interprétation poétique d'une scène familière ou historique. Dans toutes ces compositions, il n'est point un morceau qui sente la copie immédiate et directe de la réalité ; toutes les parties en sont également transposées, en tons majeurs, par la même force d'imagination. Ce qui blesse, je crois bien, dans la toile de M. Roll, consciencieux reproducteur des choses, c'est précisément un accent trop réel, trop scrupuleux, qui çà et là, dans certains morceaux, reporte notre pensée à l'atelier et au modèle alors que nous devrions être simplement séduits par l'entrain, par la richesse, par *la joie* de l'exécution. Ces dames déshabillées, en leurs contorsions risquées parmi des broussailles inquiétantes pour le satin de leur peau, ont l'air quelque peu embarrassé de leur rôle, comme aussi ces honnêtes virtuoses qu'un caprice d'artiste a fait asseoir, dans le fourré, à quelques pas d'elles, pour exciter leurs ardeurs. Les unes sont trop hardiment nues, les autres trop correctement couverts ; leur association n'est point préparée. Une fois cette petite surprise des yeux surmontée, il est juste de reconnaître que M. Roll n'a jamais brossé une grande toile avec une telle aisance dans l'arrangement général des figures, avec une entente à la fois si soutenue et si délicate de l'harmonie et de l'équilibre décoratifs. Il y a des recherches et des trouvailles délicieuses de fraîcheurs vives ou furtives, d'accords brillants ou de mystérieuses demi-teintes, soit dans les nudités, soit dans les étoiles, non moins que dans les verdures et dans les fleurs. Le groupe même des musiciens, ce groupe trop réel, est d'un caractère très juste et très saisissant. M. Roll est de ceux à qui l'on pardonnera toujours beaucoup, parce qu'il est un de ceux qui, dans la crise actuelle, ont gardé, avec le plus de conviction, l'amour de la franche nature et de la vie saine, en même temps que celui de la bonne peinture.

Pas plus que M. Roll, moins que lui encore, MM. Lhermitte et Priant ne sont des hommes d'imagination. Les excellentes études d'après nature qu'ils nous donnent depuis longtemps l'un et l'autre : M. Lhermitte, avec une intelligence plus simple et plus large des types rustiques, M. Friant, avec une analyse plus variée et plus fine des types populaires et bourgeois, les ont placés au meilleur rang, parmi les artistes d'observation. Chargés tous deux de peindre de vastes panneaux, le premier, pour l'Hôtel de Ville de Paris, le second, pour celui de Nancy, ils ont, avec le même bon sens, compris qu'ils n'avaient point à forcer leur talent, ni à sortir de leur monde. Il n'y a point de raison pour qu'une scène contemporaine, habilement présentée sur une muraille verticale, ne s'y associe à l'entourage architectural aussi bien qu'une scène historique ou allégorique ; il y en a beaucoup pour qu'un peintre réaliste, habitué à suivre la nature pas à pas, se donne inutilement bien du mal, pour échouer misérablement, s'il veut faire, sans préparation, œuvre d'invention et de fantaisie. M. Friant, en peignant les *Jours heureux*, s'est efforcé seulement de généraliser les types et les sentiments qu'il rencontrait autour de lui ; pour la composition comme pour le dessin, il y semble avoir réussi. Dans le premier compartiment, c'est le printemps, le ciel frais, la floraison vive et confuse des coquelicots, des boutons d'or, des bleuets dans les prairies verdoyantes ; c'est aussi la fête de la jeunesse, des filles du village qui s'en vont, à travers champs, babillardes, respirant la joie, accompagnées par les petits frères et les petites sœurs. Elle sont trois ici, et l'une d'elles s'arrête, un genou en terre, pour piquer une fleur dans les cheveux d'une enfant qui rit ; un gamin à côté, un tout petit, s'escrime à arracher de grosses plantes qui lui résistent. Dans le second compartiment, c'est la saison mûre ; sur une pente herbue, deux fiancés, serrés l'un contre l'autre, regardent, en face d'eux, une mère endormant son enfant sur ses genoux ; entre les deux groupes passe, debout comme une pensée mélancolique, droite et réfléchie, l'aïeule, ridée et desséchée par la vie, tenant à la main une branche fanée. Les couples heureux ne la regardent pas, mais elle regarde, elle, le nourrisson qui repose. L'arrangement est simple, expressif, d'un sentiment délicat, sans visées d'idéal ; tous les types sont des types réels, français, locaux même, et pris dans la région ; le dessin est poussé à fond avec une précision minutieuse, trop minutieuse, et c'est là le défaut. Ce travail patient du pinceau est resté pénible, sec, froid, et, malgré tant de qualités, ces deux panneaux, d'un aspect jaunâtre et terne, ne donnent qu'à moitié l'impression qu'ils pouvaient produire avec plus de liberté dans la touche et de chaleur dans l'éclairage.

La lourde tâche qu'il avait à conduire a moins surpris M. Lhermitte. Accoutumé déjà à manier les grandes figures, mais dans des espaces restreints, il n'a pas voulu compliquer sa tâche le jour où il s'est trouvé devant une surface plus étendue. Il n'a donc point tenté de chanter sur le mode épique, *le Ventre de Paris*, et, devant représenter *les Halles* à l'heure où les comestibles de toute espèce et de toutes couleurs s'entassent sur les étaux et sur les pavés, au milieu du va-et-vient des maraîchers et des piétons, du brouhaha des revendeuses et des clientes, il s'est contenté de nous les montrer, telles qu'il les a vues, et que nos descendants seront sans nul doute enchantés de les revoir. Qu'on pense au plaisir que nous éprouverions à retrouver ce spectacle tumultueux et réjouissant, traité, avec celle abondance et cette exactitude, par quelque Le Nain au XVIIe siècle ou quelque Chardin au XVIIIe ! Ce qu'il y avait à craindre pour M. Lhermitte, c'est que son procédé habituel de peindre, un peu martelé, un peu grisâtre, celui d'un homme qui a manié d'abord le crayon et le fusain, ne semblât triste et maigre en une si grande toile. M. Lhermitte s'est parfaitement rendu compte de la situation et, avec une vaillance soutenue, s'est efforcé de donner à son exécution l'ampleur, la solidité, la tenue nécessaires. Un reste de papillotage qui tremblote encore, çà et là, notamment dans les plis froissés des vêtements, y surprend d'autant moins qu'il semble causé par l'agitation des figurants multiples et affairés dans une atmosphère à la fois lumineuse et poussiéreuse.

Tous ces figurants, marchandes assises et marchandes debout, porteurs et porteuses de paniers, de-bourriches et de hottes, ouvriers et campagnards, cuisinières et bourgeoises, voyous et sergots, ont été vus d'un œil si sûr, rendus avec une telle franchise, qu'ils deviennent, pour l'histoire parisienne au XIXe siècle, des documents incontestables. Le plus grand éloge qu'on puisse faire de cette composition agitée et fourmillante, c'est qu'elle ne semble point composée, tant les gens y semblent bien à leur place et à leurs affaires. Comme les maîtres de la Renaissance qui signaient leurs panneaux en plaçant leur propre tête dans quelque encoignure discrète, M. Lhermitte s'est glissé, à droite, dans la foule, entre un panier de verdure et un sac de pommes de terre. On ne saurait trouver la hardiesse excessive. *Les Halles* sont le morceau le plus exact et le plus complet qu'ait inspiré, dans les deux Salons, l'étude de la vie populaire.

La peinture historique monumentale n'a produit qu'une grande toile, *la Muraille*, par M. Jean-Paul Laurens, mais c'est une œuvre puissante et originale. Il y a longtemps que M. Laurens se promène dans le moyen âge, au milieu des moines, des chevaliers, des troubadours, avec l'aisance d'un homme qui a retrouvé, par l'imagination, son milieu originel. Très différent des moyenâgeux romantiques qui se contentaient le plus souvent d'affubler d'oripeaux bizarres les rêves de leur fantaisie, très supérieur aux moyenâgeux archéologiques qui pastichent, avec froideur, les miniatures anciennes, M. J.-T. Laurens tient pourtant des premiers par la passion qu'il apporte en ses résurrections du passé, et des seconds par ses coutumes studieuses et ses goûts d'exactitude ; il se distingue de tous par la clairvoyance avec laquelle il sait retrouver, dans les hommes d'aujourd'hui, la survivance des types et des caractères qui lui sont suggérés par les chroniques et définis par les œuvres d'art. Dans ses illustrations des *Récits mérovingiens*, dans ses *Emmurés de Carcassonne*, dans sa *Mort de sainte Geneviève*, combien sont à la fois vieux et modernes, disparus et vivants, ses soldats féroces, ses serfs abrutis, ses ecclésiastiques fanatiques ! La ville de Toulouse, en lui offrant la décoration d'une vaste muraille, dans le Capitole, fermant le fond d'une longue galerie et que l'on verra de loin, lui a fourni l'occasion de prouver la vigueur de son intelligence historique d'une façon plus complète.

Le sujet est emprunté à la guerre des Albigeois. La ville de Toulouse, assiégée inutilement une première fois par Simon de Montfort, a dû se soumettre à la suite d'une défaite sanglante. Les hommes du Nord l'ont pillée sans pitié et rasée jusqu'au sol. Les Toulousains, indignés, rappellent leur comte Raymond, se soulèvent deux fois contre les croisés, les forcent enfin à quitter la ville. Ce n'est pas tout d'être chez soi, il faut organiser la défense, relever les murailles, les relever en hâte, et qu'elles soient hautes et solides. Les capitouls se réunissent et, pour s'assurer l'appui du ciel, placent « dans la plus haute voûte du plus haut clocher, entre lampes et candélabres », les reliques de saint Exupère qui protégera son peuple. Les meilleurs charpentiers sont chargés de dresser dans tous les postes des balistes et des pierriers. Dans tous les quartiers, des chevaliers, des bourgeois, des marchands sont désignés pour faire fortifier les postes et diriger les ouvriers. « Et tous se mettent à l'œuvre, dit Guillaume de Tudèle, le menu peuple, les damoiseaux, les damoiselles, les dames et les femmes, les jouvenceaux, les jouvencelles et les petits enfants qui, chantant des ballades et des versets légers, travaillent aux clôtures, aux fossés, aux ponts, aux barrières, aux murs, aux escaliers, aux corridors, aux portes, aux salles, aux embrasures, aux guichets, aux tranchées, aux voûtes… » Nous abrégeons l'énumération qui montre chez le poète-chroniqueur un homme au courant de tous les détails de l'architecture militaire. Ce n'est pas une seule fois d'ailleurs que le moine-troubadour, dans ses vers colorés et vivants, dont les descriptions d'une rare précision ont fourni à Viollet-le-Duc les renseignements les plus exacts et les plus précieux sur l'art militaire au XIIIe siècle, nous montre toute une population à l'œuvre dans les mêmes conditions. Au siège de Moissac, au siège de Beaucaire, de même, pêle-mêle, en chantant, seigneurs et manants, bourgeois et artisans, grandes dames et fillettes, grimpent sur les échelles et portent le mortier. L'amoncellement héroïque d'échafaudages enchevêtrés, qui envahit tout le bas de la peinture de M. J.-P. Laurens représente, pour nous comme pour lui, l'une des occupations les plus caractéristiques des XIIIe et XIVe siècles ou plutôt une de leurs passions. Cette passion de la construction, passion de foi ou de nécessité, passion, en tout cas, universelle et féconde, a couvert, en deux siècles, notre territoire, non par centaines, niais par milliers, d'églises, de châteaux forts, de palais, de manoirs, d'un art puissant et varié, dont quatre siècles de destruction religieuse, académique, révolutionnaire ou utilitaire n'ont pu anéantir les imposants débris et les ineffaçables souvenirs. C'est donc avec la gravité du chanteur épique que le peintre a fait monter sur ces échafaudages, pour achever le parement des créneaux et des courtines, pour ajuster sur la tour cornière les traverses ajourées des larges hourds, pour dresser, sur la plus haute terrasse, le trébuchet gigantesque qui frappera bientôt le cruel Simon d'une énorme pierre, « à la place où il fallait », les charpentiers et les maçons, leurs femmes et leurs filles, travaillant avec enthousiasme, sous la direction des maîtres d'œuvre et des sergents des capitouls. Le peintre diffère, en cela pourtant, du témoin oculaire, que, voyant à distance les choses d'un regard plus calme et avec un esprit plus démocratique, il est à la fois moins dramatique et moins impartial. Dans la chronique, nous voyons toujours les nobles, les riches marchands, les dames et damoiselles prendre, avec leurs habits somptueux et bigarrés, une part active à la résistance ; il y avait là, pour un coloriste, des éléments précieux que l'artiste, plus plébéien, a cru devoir négliger. D'autre part, c'est presque toujours sous la menace même de l'ennemi, sous la tombée intermittente des flèches et des pierres, que ces travailleurs improvisés, chantant et gabant, poursuivaient leur tâche. Or, si l'on n'apercevait, en l'air, les apparitions des saints patrons portant l'étendard « Mort à Montfort ! », on pourrait croire, ici, que tous ces ouvriers affairés travaillent sans inquiétude. Mais il n'est pas, nous le savons, dans le tempérament de M. J.-P. Laurens de développer les drames ou les tragédies de l'histoire dans leur pleine action ; contemplateur grave, justicier loyal et ému, il aime mieux nous faire assister, paisiblement, sincèrement, à leurs préparations ou à leurs conséquences. C'est ce qu'il a fait pour les *Emmurés*, pour le *Duc d'Enghien*, pour l'*Excommunié*, etc. Prenons-le donc, tel qu'il est, et admirons, dans la *Muraille*, la page d'histoire populaire la plus vaste et la plus exacte qu'il ait écrite, en ce style ferme et sobre, viril et rude, qui lui est bien personnel et dont on retrouve l'origine dans les maîtres les plus francs et les plus expressifs du XVe siècle florentin. Quelques-uns des ouvriers de la muraille toulousaine ont déjà travaillé à la *Tour de Babel* du Campo-Santo de Pise ; mais ce n'est pas seulement par des rencontres d'attitudes et des ressemblances d'ajustements que M. J.-P. Laurens rappelle Benozzo Gozzoli, il lui ressemble aussi par certains traits de simplicité et de noblesse qui ne sont pas indignes de son illustre prédécesseur et auxquels il ajoute des préoccupations d'exactitude historique et de sympathie humaine qui lui donnent la marque de son temps et de son pays.

C'était une grave besogne qu'on avait imposée à M. Ehrmann en lui disant de représenter à la Bibliothèque Nationale, sur un seul panneau, *les Lettres, les Sciences, les Arts du moyen âge*, tout un monde, et quel monde, si divers et si majestueux ! M. Ehrmann a fait des sacrifices. En réalité, dans sa composition habilement disposée, les grands rôles, au centre, ne sont joués que par les seuls historiens français, Froissart, le jeune et alerte coureur de tournois et de fêtes, Juvénal des Ursins, le grave chroniqueur des années sanglantes, l'un en gai costume de damoiseau, l'autre en somptueuse robe de brocart (deux figures très réussies), Villehardouin, Joinville, Commines, ceux-ci moins bien caractérisés, ou un peu sacrifiés. Dans une salle de la Bibliothèque, que les écrivains tiennent le premier rang, rien de mieux. Mais pourquoi n'avoir pas mis, à côté des chroniqueurs, en figures parlantes, quelques-uns de nos grands trouvères ou de nos grands docteurs ? Les types ne manquaient pas. Les deux poètes, très visibles au premier plan, sont Dante et Pétrarque, qui ne sont pas français, et dont l'un est l'initiateur de la Renaissance. En réalité, M. Ehrmann, qui, par toutes ses études et ses travaux antérieurs, est un homme de la Renaissance, n'a pu voir le moyen âge qu'en artiste de la Renaissance. Ce sont les personnages confinant à la Renaissance, les plus extériorisés et les mieux habillés, qu'il représente le mieux. Ses habitudes d'esprit, en vérité, répugnent même tellement aux formes en usage pendant la période qu'il devait symboliser, il est si peu converti aux grandeurs de l'art ogival, qu'ayant à mettre un fond derrière ces historiens qui, depuis Villehardouin jusqu'à Commines, n'ont connu que les formes gothiques, il développe un portail cintré, antérieur à la grande évolution nationale, le portail roman. Ces observations n'enlèvent rien au mérite intrinsèque de la composition de M. Ehrmann. Nous les faisons seulement pour indiquer en quoi diffèrent, sur ce point, *les tendances de la génération précédente* et *les tendances de la génération nouvelle* que des communications plus précises et plus fréquentes avec les monuments des différents âges et des différentes races poussent à des analyses plus intimes de leurs caractères et de leurs âmes.

Il nous répugne fort, d'ailleurs, quelque talent qu'on y mette, de voir, en revanche, la curiosité des peintres ouvrir uniquement les chroniques pour en extraire des anecdotes scabreuses, comme si les journaux judiciaires ou fantaisistes ne suffisaient pas à fournir leur pâture quotidienne aux imaginations salies ou blasées. La *Mariade Padilla* (maîtresse de Pierre le Cruel) nous donne une étonnante idée des mœurs de l'Espagne au XIVe siècle. « La chronique rapporte que, lorsque la belle favorite se baignait, il était d'usage que le roi et ses courtisans vinssent lui tenir compagnie. La galanterie suprême voulait alors que les cavaliers bussent de l'eau du bain des dames. » Telle est la galanterie suprême que M. Gervais a cru devoir immortaliser, non pas heureusement dans les proportions colossales qu'il avait données, l'an dernier, à ses trois honnêtes dames du *Jugement de Paris*, mais dans des dimensions encore excessives. En se resserrant un peu, l'habileté du peintre, dont l'œil est très sensible, mais qui saisit mieux les détails que l'ensemble et les subtilités de la lumière que sa juste distribution, est aussi devenue plus appréciable ; elle gagnerait à se restreindre plus encore, surtout en des sujets de si petit vol et qui ne méritent point l'honneur qui leur est fait.

C'est, en général, il faut le reconnaître, un genre d'émotions plus pures que cherchent dans l'histoire ceux qui s'adressent à elle pour raviver ou entretenir leur rêve. Jeanne d'Arc, comme d'habitude, apparaît en de nombreuses toiles, sinon toujours réalisée avec une suffisante poésie, toujours du moins appelée d'un cœur ému et scrupuleusement respectée. La *Vocation de Jeanne d'Arc*, par M. Azambre, la *Jeanne d'Arc à Compiègne*, par M. Marcel Pille, la *Jeanne d'Arc entendant ses voix*, de M. Bonnefoy, ne sont pas sans mérite. M. Sautai nous montre *Saint Geoffroy, évêque d'Amiens, à la Grande-Chartreuse*, avec ce sentiment recueilli des attitudes monastiques et des architectures claustrales qui lui est particulier. Il y a progrès marqué, pour la précision du dessin et la réalisation des types rêvés, dans les *Fiançailles* de M. Charrier, et l'*Adieu* par M. Bussières. M. de Richemont a traité, avec sa distinction accoutumée, la *Légende de Sainte Notburge*. Aux Champs-Elysées, où se trouvent toutes ces compositions, on peut voir encore, dans les salles des dessins, aquarelles et pastels, outre un projet de décoration sur la *Vie de Jeanne d'Arc* par M. J.-P. Laurens, une grande aquarelle, visiblement inspirée des maîtres du XVe siècle, mais qui est un début à signaler, *le Sommeil de la Vierge*, par Mlle Sonrel.

Dans le même salon quelques grands tableaux religieux, dus à des peintres connus, ne renouvellent pas, néanmoins, avec assez d'autorité ni d'originalité des sujets rebattus pour que l'imagination en reste frappée. Le plus important, *Jésus descendant aux limbes*, par M. Léon Glaize, montre, dans le faire du peintre, un assouplissement remarquable ; quelques-unes des nudités bibliques qui s'y agitent sont des morceaux d'étude excellents ; peut-être fallait-il moins de torses et plus d'émotion religieuse. La légende antique est représentée par deux épisodes nouveaux de cette longue histoire des vestales pour lesquelles M. Hector Le Houx garde, avec une surprenante fidélité, le culte de sa jeunesse. Un grand tableau représente le *Tirage au sort d'une nouvelle vestale*, un tout petit le suicide de *Lanuzia*, qui, pour n'être pas enterrée vive, se précipite du haut de sa maison. C'est dans le petit que le peintre a le plus délicatement exprimé son sentiment particulier de l'art antique. Au milieu de toutes ces fantaisies historiques et religieuses il faut pourtant remarquer quatre morceaux d'une exécution tirs personnelle et très soignée où se retrouvent les meilleures qualités de leurs auteurs, *le Sommeil de l'Enfant Jésus*, par M. Hébert, dans lequel l'expression poétique est réalisée par un jeu plus compliqué et plus délicat que jamais des lumières caressantes et des ombres mystérieuses ; *la Vérité dans le puits*, tuée par les menteurs et les histrions, de M. (Jérôme, allégorie vague pour la conception, mais d'une précision raffinée pour l'exécution ; les *Baigneuses*, de M. Fantin-Latour, dont le charme procède à la fois de Prud'hon, du Corrège et de Venise ; enfin, la grande toile de M. Roybet, *la Sarabande*, dans laquelle cet imperturbable praticien combine, avec une tranquille bravoure, les souvenirs de Velasquez, de Cornelis de Vos, de Frans Hais et de Van Dyck.

Au Champ-de-Mars, où l'histoire n'est point en honneur et où la fantaisie ne se donne point carrière autant qu'on pourrait croire, l'imagination ne joue presque aucun rôle. On trouve bien le désir d'en montrer dans les *Quatre Saisons* et dans l'*Apothéose de Watteau*, par JM. Latouche, mais des agitations hasardeuses de figures incertaines, à travers des formes décomposées, dans des lumières mal définies, ne suffisent pas, même avec de l'entrain et de l'habileté, à donner un aspect décoratif ni à communiquer une impression poétique. Le *Moïse* et la *Source de Sainte-Claire*, par M. Lagarde, d'une tonalité bien soutenue et d'un sentiment délicat, rentrent plutôt dans la catégorie des paysages historiques. La scène de massacre à *Constantinople, au IVe siècle*, par M. François Lafon, contient quelques bons morceaux en style scolaire ; les *Funérailles de Pierre le Vénérable*, par M. Georges Claude, sont traitées avec un sens juste de l'époque. La grande composition de M. Weerts, *Pour la patrie et pour l'humanité*, qui ne peut faire oublier ses petits portraits, montre un effort estimable ; mais tout cela ne dépasse pas le niveau de ce qu'on voit, en plus grand nombre, aux Champs-Elysées.

II

L'imagination, en somme, joue un rôle assez restreint dans la production française. Les facultés d'observation chez nos peintres sont plus développées. Les deux manières de voir qui, à courte distance, se sont succédé dans les ateliers et dans les expositions, celle d'un réalisme complet, poussant l'exactitude jusqu'à la brutalité, la cherchant de préférence dans les milieux vulgaires, puis celle d'un impressionnisme excessif, sacrifiant toutes les formes aux jeux subtils de la lumière, mais poursuivant l'analyse de cette lumière dans les milieux les plus divers, auront également contribué à enrichir ces facultés si l'on sait profiter, à temps et sans exclusion, des résultats acquis. Les portraits, les scènes de mœurs rustiques, familières, mondaines, les paysages, tiennent toujours la plus grande place, la meilleure, tant aux Champs-Elysées qu'au Champ-de-Mars, et, parmi ces innombrables ouvrages, où le talent s'éparpille en nuances infinies, quelques-uns joignent, à un juste esprit d'observation, des mérites techniques assez sérieux et, parfois même, des qualités poétiques d'un ordre assez élevé.

Les portraitistes, comme les traducteurs, se divisent en plusieurs classes, les sincères et les exacts, les flatteurs, les infidèles, les traîtres. Il arrive de temps en temps que, suivant l'occasion, le jour qu'il fait, ou par caprice, le même peintre saute d'une classe à l'autre. En général, néanmoins, comme c'est question de tempérament plus que de volonté, d'habitude plus que de réflexion, l'homme exact reste toujours exact, l'infidèle demeure infidèle. L'infidélité, d'ailleurs, en cette matière, n'est pas toujours un crime ; c'est parfois une vertu, lorsque le modèle est insignifiant et que le peintre est un grand artiste. On pourrait citer, dans le passé comme dans le présent, nombre de portraitistes qui durent leur vogue, comme leur mérite, à leurs habitudes de savants ou poétiques mensonges. Est-il bien certain que nos pompeux metteurs en scène du XIIIe siècle, nos aimables habilleurs ou déshabilleurs du XVIIIe siècle, Rigaud, Largillière, Nattier, Boucher e *tutti quanti*, nous aient toujours bien scrupuleusement rendu les imperfections ou même l'individualité de leurs nobles clients ? Fromentin a justement remarqué que l'ardent Rubens lui-même ne pouvait toujours inspirer une confiance extrême. Ce qui n'empêche la plus hâtive de ses esquisses de nous sauter joyeusement aux yeux, non seulement comme une chaude fusée de couleurs vives et douces, mais de nous jeter encore dans l'esprit, sur le caractère extérieur et intérieur de ses contemporains, des lumières plus certaines que ne fait tel ou tel crayon, telle ou telle gravure d'une exécution attentive et minutieuse, offrant toutes les garanties extérieures d'une honnête ressemblance. Cette sorte d'infidélité, qui est pratiquée, sciemment ou involontairement, par tous les artistes quelque peu personnels et bien doués, n'implique nullement de leur part l'absence de sincérité, bien au contraire ; c'est, aussi souvent, la preuve de leur spontanéité, de leur intelligence, de leur lucidité. S'ils ne montrent pas dans un visage tout ce que le premier venu peut y voir, ils en font jaillir autre chose de plus particulier et de mieux défini, quelque chose qui s'y trouve, mais qu'on n'avait point dégagé. Les peintres, dans une certaine mesure, ont donc le droit d'être infidèles ; on leur accorde moins facilement d'être flatteurs par cupidité ou traîtres par sottise.

Le profil pâle, noble, réfléchi de *Mme F. D…* par M. Henner, est-il d'une ressemblance matérielle qui satisferait un photographe ? Je n'en sais rien, je n'ai pas besoin de le savoir. Quand j'ai longuement, avec délices, savouré la douceur puissante de cette admirable enveloppe de peinture sous laquelle il se présente, la souplesse et la fermeté de ces carnations délicates, la décision tranquille de ces traits bien marqués sous une apparence fuyante, les nuances infinies et tendres par lesquelles ces deux taches uniques, le blanc du visage et le noir du chapeau et de la robe, s'associent pour exprimer, à la fois, un grand deuil et une grande résignation, je n'éprouve nul doute sur le caractère intime de la personne représentée. L'artiste a été au-delà de ce qu'on voit, il a exprimé ce qu'on ne voit pas ; il a fait une œuvre décisive et complète ; que demander de plus ? C'est par des portraits de cette valeur, déjà nombreux dans son œuvre, que M. Henner restera, dans l'avenir, un des représentants les plus inattaquables de notre école moderne.

L'interprétation de la réalité est moins hardie chez M. Paul Dubois, plus violente chez M. Bonnat, mais combien, chez ces deux maîtres encore, elle est personnelle et consciencieuse, pénétrante et intellectuelle, en même temps que caressante ou résolue ! Les scrupules, hésitations, repentirs qui agitent et font vivre un artiste inquiet de perfections ne quittent pas plus M. Paul Dubois quand il peint que lorsqu'il sculpte. Le beau portrait de *Mme L. A…*, n'a rien, dans son exécution savante et patiente, des virtuosités tapageuses par lesquelles tel ou tel de ses voisins attire violemment les yeux. Une dame d'âge déjà mûr, toute droite, de face, la tête nue, les mains pendantes, en robe noire sur un fond neutre, sans autre note claire que le jaune de ses longs gants de Suède, il n'y a pas là de quoi arrêter la foule ! Physionomie, attitude, toilette, recherches des modelés et des nuances, tout est discret et modeste dans cette peinture singulièrement distinguée, dont le charme sérieux vous pénètre à mesure que vous y pénétrez davantage ; c'est précisément ce qui en fait le prix.

M. Bonnat, le franc et vigoureux Bonnat, apparaît comme un brutal à côté du timide Dubois. Il semble qu'exaspéré par toutes les mollesses et lâchetés des pinceaux fin de siècle, ce vaillant ouvrier tienne de plus en plus à faire montre de son bel outil vis-à-vis de tous ces embrasseurs de nuées grises, qu'un corps bien vivant épouvante et qu'aveugle un éclat de couleur. Que son modèle soit un chef d'Etat, *M. Félix Faure, président de la République*, ou une femme du monde, *Mme la comtesse L. M…*, il l'installe devant lui, sans hésitation, sans précautions, sous une chute de lumière, directe et nette, qui accentue, avec une franchise implacable, toutes les saillies et rentrées de la forme, toutes les crudités et vivacités de la couleur. La franchise est un peu vive parfois, et ce n'est point ainsi qu'en usent, à l'ordinaire, les portraitistes à la mode ni les portraitistes officiels parce que leur clientèle, mâle ou féminine, se soucie peu de l'affronter ; c'est celte franchise pourtant qui assure à M. Bonnat l'admiration et la confiance des hommes sans vanités et des femmes sans coquetterie, de ceux qui sont décidés à se montrer tels qu'ils sont et non tels qu'ils voudraient être. Je m'imagine que, dans l'antiquité ou au moyen âge, de loin, dans la pénombre des temples ou des églises, les statues de marbre ou de bois, rudement taillées par les sincères imagiers d'Egine ou de Chartres, fraîchement enduites de couleurs voyantes, devaient produire sur les yeux un effet de même nature que les figures de M. Bonnat dans leurs fonds brouillés. Même énergique saillie dans les formes, même simplicité grave dans les attitudes, même audacieux éclat dans l'application des tons purs, même aspect de réalités vivantes et palpables allant jusqu'au trompe-l'œil. Pour les uns comme pour les autres, une certaine caresse du temps n'est pas inutile, mais aussi, n'ont-ils pas à la craindre. Que la poussière de quelques années tombe sur la robe jaune de Mme L. M…, sur le cordon rouge et le plastron blanc de M. Félix Faure, on ne pourra que s'en réjouir, car, en même temps que ces accessoires reprendront un rôle plus modeste, les véritables beautés des figures mêmes s'accentueront dans le calme croissant de l'entourage. Le visage un peu fatigué, sérieux et bienveillant, résolu et simple du Président, comme le visage frais et délicat, avec des regards si doux et si fins, de la grande dame, n'en apparaîtront que mieux, de plus en plus clairs et parlants, et sembleront à la postérité ce qu'ils nous semblent être déjà, les traductions les plus sincères et les plus fermes qu'on ait osé faire de nos contemporains.

Aux Champs-Elysées, sauf de rares exceptions, c'est dans le même esprit que MM. Henner, Dubois, Bonnat, c'est-à-dire par la précision du dessin, la simplicité de la pose, la sobriété du coloris, que les portraitistes cherchent à nous retenir. Le portrait de *M. Ambroise Thomas* par M. Baschet est d'une belle tenue, d'une impression grave et juste, d'une exécution simple et ferme. Deux portraits d'hommes par M. Morot ont un accent de vie et de vérité qui attire tous les yeux. Plusieurs artistes, non des moindres, pensant au Louvre ou à leur famille, se présentent eux-mêmes au public ; on doit croire qu'ils l'ont fait en bons termes. Le *Portrait de Bouguereau* par lui-même est un de ses bons morceaux, un de ceux que ce maître caressant a le plus heureusement caressés. On regarde aussi avec intérêt ceux de *M. Jules Breton* et de *M. de Winter*, qui sont dans le même cas. Il serait difficile, dans ce genre d'ouvrages, de signaler tous les bons morceaux sur lesquels l'œil s'arrête avec plaisir. On ne peut que mentionner, parmi les images viriles, celles qu'ont signées MM. Joseph Aubert (*Cardinal Richard*), Louis-Edmond Fournier (*M. François Coppée*), Bordes (*M. Paul Cambon*), Morisset, Weber, etc. parmi les figures féminines, portraits ou fantaisies, celles qui sont dues à MM. Jules Lefebvre, Benjamin-Constant, Doucet, Wencker, Axilette, R. Collin, Humbert, Maxence, Aviat, Mlle Juana Romani, etc. Les portraits de *Leurs Altesses Boy aies le Prince de Galles et le Duc de Connaught*, par M. Detaille, sont une œuvre de plus haute portée. Le prince et son fils, à cheval, de grandeur naturelle, se présentent presque de face ; le prince montre à son fils quelque chose sur la droite ; du côté où, dans l'éloignement, s'avancent, alignés, les régi mens écossais. Le dessinateur précis et sûr semble avoir pris plaisir à accumuler les difficultés d'attitudes et de raccourcis, pour montrer avec quelle aisance il les savait vaincre. Après ces images princières, l'ensemble de portraits qui attire le plus la curiosité de la foule est la réunion d'hommes de lettres dans un jardin, *à Ville-d'Avray, chez M. Alphonse Lemerre*, leur éditeur. On s'y montre les visages fort ressemblants de MM. Sully Prudhomme, André Theuriet, Jules Breton, F. Coppée, de Heredia, Bourgef, Hervieu, Dorchain et quelques autres habitués d'une maison hospitalière aux poètes depuis tantôt trente ans, autour de leur ami et maître, Leçon le de Lisle. Depuis que le peintre, M. Paul Chabas, a esquissé cette scène amicale, la Mort, hélas ! a traversé cet abri de feuillage ; Leconte de Lisle a suivi la pâle messagère comme l'a suivie aussi l'hôtesse bienveillante qu'on voyait assise, près de ses invités, et il semble qu'un voile de tristesse soit tombé, en même temps, sur ces visages des rimeurs que le peintre avait vus plus gais et sur ces verdures assombries qu'il avait rêvées plus ensoleillées. Les portraitistes ordinaires du Champ-de-Mars y ont aussi reparu avec quelques excellents spécimens de leur manière, comme le *Puvis de Chavannes*, par M. Desboutin, le *Portrait de Mlle J. L...* et un *Petit Portrait* par M. Aman-Jean, plusieurs portraits de Dames et Jeunes filles, *par M. Blanche, celui de* Mme X... et de ses enfants *par M. Dubufe, etc.*

L'observation des types contemporains n'est intéressante que lorsqu'elle aboutit à une véritable œuvre d'art dont l'intérêt résulte d'abord d'un attrait pittoresque ou plastique qui en accentue et en individualise l'exactitude ou l'originalité. Pour un véritable peintre, il n'est rien, d'ailleurs, dans la vie courante qui ne puisse lui offrir l'occasion de montrer son propre génie, par la seule façon dont il voit les choses se mouvoir dans l'infinie variété des actions lumineuses. Si, par surcroît, il sent vivement la tristesse ou la gaîté de ces choses, c'est par cette action de la lumière qu'il déterminera son émotion et qu'il la fera passer en nous. Voici deux scènes d'hôpital, l'une aux Champs-Elysées, par M. Brouillet, le *Vaccin du croup à l'hôpital Trousseau*, l'autre au Champ-de-Mars, l'*Heure de la tétée des enfants débiles à la Maternité*, par M. Duez. Comme tous deux sont des peintres, M. Brouillet, dans sa toile encore un peu grande, mais habilement disposée, M. Duez, dans sa composition plus ramassée, nous disent également ce qu'ils veulent dire par des accords divers et délicats de toutes sortes de blancheurs : blancheurs des murs, des rideaux, des draps, des tabliers, des robes, combinées avec les taches rosées ou brunâtres des carnations, visages, poitrines et mains. Il suffit de cette simple orchestration des blancs, plus sourde et plus calme à l'hôpital Trousseau, pour donner une gravité touchante aux opérateurs et aux infirmiers qui regardent avec anxiété le petit malade, tandis que, plus vive et plus montée, elle répand, à la Maternité, sur cette troupe de nounous offrant leurs doubles mamelles à une ribambelle de petits citadins allâmes comme Gargantua, je ne sais quel air d'allégresse salubre tout à fait réjouissante. On a le droit de mettre de la bonne humeur dans sa peinture quand la peinture s'en imprègne de telle façon.

Quel art admirable que celui qui peut tout dire par, la seule combinaison, l'association ou l'opposition des innombrables accentuations ou dégradations de la couleur ! A vrai dire, à aucune époque on n'a eu, ce semble, autant qu'aujourd'hui, une conscience si vive des jouissances que peuvent donner à l'œil et à l'esprit ces sortes de sensations, et l'on n'a jamais cherché ces jouissances de plus de côtés à la fois, par des analyses plus variées et plus subtiles. Il y a vraiment plaisir, une fois qu'on s'est résolu de ne plus demander aux peintres ni des inventions poétiques, ni des compositions réfléchies, à se promener, presque an hasard, dans les deux Salons, car on y trouve, à chaque pas, une quantité d'impressions vives ou raffinées, d'observations naïves ou subtiles, qui n'ont tout juste, il est vrai, que la valeur d'indications, mais qui sont instructives, sous ce rapport, ou amusantes.

M. Dagnan, lui, n'est pas de ces improvisateurs qui perdent, par ignorance ou par paresse, l'occasion de faire un chef-d'œuvre. Son petit tableau du *Lavoir*, où quelques paysannes bretonnes. bavardent, arrêtées sous une voûte, est un vrai régal d'amateurs. Pourquoi ? Parce que tout y est juste, vu et senti en peintre, l'attitude des femmes, la couleur des vêtements, l'humidité du lieu, sa pénombre, et sa tristesse, et le contraste de cette froideur du dedans avec l'air chaud qu'on sent au dehors, et que tout cela est dit simplement, complètement, finement, par un peintre qui joue avec sûreté des couleurs de sa palette comme un écrivain exercé joue des mots de son vocabulaire. C'est ainsi que parlaient les consciencieux et bons Hollandais, les Pieter de Hooghe, les Ter Borch, les Metzu, et M. Dagnan est de la famille. M. Lobre, au Champ-de-Mars, M. Lomont aux Champs-Elysées sont aussi de cette lignée ; ils procèdent de ces maîtres exquis par leur entente délicate de la lumière recueillit ! à l'intérieur des maisons, cette lumière amie, souvent furtive, parfois brouillée, qui promène avec elle notre rêve, dans notre chambre de travail ou de repos, d'un bouquet qu'elle caresse à un portrait qu'elle ravive, d'un livre oublié à un ami qui entre. Et comme ils ont raison de s'en tenir à des cadres modestes qui conviennent si bien aux confidences intimes ! M. Lomont aurait-il la malheureuse ambition de s'agrandir ? La silhouette un peu sèche qui noircit le premier plan de son *Lied*, dont le fond d'appartement est si délicat, pourrait nous le faire craindre. La petite fille même qui écrit sa *Lettre* aurait pu être plus petite : n'importe, telle qu'elle est, elle est charmante, si appliquée, si attentive ! Quant à M. Lobre, son *Intérieur* avec une vieille dame en noir et une jeune fille en blanc, et son autre *Intérieur*, garni de meubles surannés avec une statue de Frédéric le Grand, sont vraiment des modèles du genre.

L'école des vaporisants dont M. Carrière n'est pas l'inventeur, mais dont il est devenu le chef par son talent, donne quelquefois des émotions délicieuses. De ce que M. Carrière est celui qui vaporise le plus et qui vaporise à outrance au point de ne plus être visible que pour certains initiés, il ne s'ensuit pas qu'il soit pourtant le seul à comprendre la valeur expressive des demi-teintes délicatement dégradées et fondues dans les ombres environnantes. Depuis Léonard, Corrège, Rembrandt, Prud'hon, la science n'en a jamais été perdue. Il y a toujours eu des praticiens délicats qui se sont plu à envelopper, adoucir, dégrader les formes pour en faire mieux sentir la souplesse et la sensibilité ; mais ils n'avaient jamais songé à les faire absolument disparaître. La disparition, il est vrai, supprime toute discussion, et il devint, en effet, difficile de se chamailler sur le plus ou moins d'exactitude dans les types, le plus ou le moins d'expression dans les physionomies que peuvent montrer les braves gens, penchant leurs têtes, du haut du paradis, dans le *Théâtre populaire* de M. Carrière, puisque la plupart n'apparaissent, au-dessus du trou noir, qu'à l'état de flocons blanchâtres, comme ces lambeaux de nuées traînant sur l'horizon dans lesquels une imagination naïve voit tout ce qu'elle veut. MM. Berton, Tournès, Bréanté, plus retenus, sinon plus subtils et plus expressifs, nous semblent mieux rester dans les limites du possible, les deux derniers surtout. La *Première Communiante* de M. Tournés, apparaissant, à travers une porte, toute blanche, au fond d'un appartement, a été, pour lui, l'occasion de montrer qu'il savait appliquer son goût des analyses lumineuses à des sujets plus compliqués que des dos et des épaules de femmes à leur toilette. C'est à comparer, pour la discrétion et le charme, avec les intérieurs de MM. Lobre et Lomont. Il y a plus que de la grâce, il y a de l'émotion dans cette *Veillée* de M. Bréanté où l'on voit une couturière et sa fille, sous une lampe qui brûle depuis longtemps, au milieu du chiffon ne ment des étoiles légères, tombant de sommeil et de fatigue, devant la robe de bal qu'il faut livrer le lendemain et qui assurera le pain de la journée. M. Berton se laisse plus troubler par M. Carrière, qu'il avait pourtant devancé, mais il reste encore de la grâce et du charme dans ses visions trop promptes à s'évanouir.

Au sortir de ces brumes délicates, quelques éclats de soleil, même un peu vifs, ne sont pas à craindre ; on les cherche même volontiers, et l'on est heureux de rencontrer la bande, de plus en plus alerte et nombreuse, des Algériens et des Egyptiens, qui nous rapportent de là-bas des impressions parfois éblouissantes et aveuglantes, souvent nouvelles, toujours joyeuses ! Au Champ-de-Mars, c'est M. Dinet, avec ses études pétillantes et ardentes, parfois très complètes et décidées, comme son Africaine, en robe rouge, traversant, sous une lumière furieuse, un ravin pierreux : *L'air était embrasé, le sol ardent et rouge comme des rubis.* Et la verve chaleureuse et nette de l'exécution ne fait pas mentir le titre. C'est M. Besnard, avec ses esquisses aventureuses, emportées et brûlantes, de femmes hardies et fardées. Ce sont MM. Girardet et Girardot, l'un avec plus de précision, l'autre avec plus de finesse. Aux Champs-Elysées, c'est M. Gérome, qui, comme d'habitude, ne nous laisse plus rien à chercher, nous imposant, avec sa maîtrise patiente et soutenue, l'autorité d'une vision à qui rien n'échappe, dans la *Prière dans la Mosquée Caïd-Bey*, c'est M. Bompart qui, venant d'Afrique, rencontre à Venise M. Saint-Germer, l'un de ceux qui comprennent le mieux la poésie des marbres brûlés et dorés se reflétant dans l'eau sombre des canaux endormis (*la Confrérie de Saint-Marc, à Venise*).

Il n'est pas permis à tous d'aller à Corinthe, Alger, Thèbes, ni même Venise. Nos ciels troublés, nos rues fangeuses, nos verdures grises, nos mers assombries suffisent d'ailleurs largement à renouveler le talent des peintres qui savent les voir et les aimer. Nos marins, nos paysans, nos ouvriers, avec leurs types énergiques et francs, sont même bien plus faits pour nous émouvoir que des Bédouins de passage ou des Italiennes d'aventure. C'est naturellement sur des tons moins éclatans, par des accords plus graves de gris et de noirs, que leurs peintres nous racontent leurs travaux et leurs misères. La vie maritime, comme toujours, a inspiré quelques bonnes toiles dramatiques, l'*Abandonné* (un marin tombé à la mer, qu'on ne peut sauver, que le prêtre bénit du haut du navire emporté), par M. Couturier, au Champ-de-Mars ; la *Stella maris* (la Vierge apparaissant aux naufragés), par Mme Virginie Demont-Breton, aux Champs-Elysées. On a vraiment le cœur serré devant les *Pauvres gens* de M. Troncy, tant leur résignation navrée, en faisant queue dans l'attente d'une distribution de vivres, est simplement exprimée. Le travail des champs et des villes trouve toujours des narrateurs sincères, émus ou exacts dans MM. Jules Breton, Adan, Tattegrain, Haquette, Laugée, etc., auxquels il faut joindre : aux Champs-Elysées, Mme Duhem, MM. Léon Giffard, Adler, Junès ; au Champ-de-Mars, MM. Moutte, Charles Meissonier, Muenier, L. Gros, Lahaye, David-Nillet, etc.

La vraie force, dans les deux Salons, des artistes qui étudient les campagnards ou les citadins, c'est d'être, en même temps, presque tous, d'habiles et sincères paysagistes, ne séparant pas les gens de leur entourage naturel, les regardant toujours sous leur vraie lumière. Ce sont ces habitudes, prises depuis une vingtaine d'années, qui contribuent le plus heureusement à varier et animer ce qu'on appelait autrefois la peinture de genre dont la monotonie et la froideur tenaient en grande partie à l'emploi trop fréquent du modèle et du mannequin dans l'atelier. S'il n'y a guère de peintres de genre qui ne soient paysagistes, en revanche, il y a encore bien des paysagistes qui ne sont pas peintres de figures. C'est même un des signes de notre temps que la nature extérieure, toute seule, sans la présence de l'homme, suffit à nous intéresser et à nous émouvoir. Les plus beaux paysages de celle année, les plus caïmans ou les plus expressifs, sont aussi des paysages nus et déserts, sinon silencieux, et dans lesquels nul passant ne vient troubler le rêve où il a plu à l'artiste de nous faire entrer. Il en est de charmants, parmi ces paysages, il en est aussi de beaux ; je compterais parmi les beaux, et les très beaux : aux Champs-Elysées, les *Bords de la Sèvre nantaise à Clisson*, par M. Harpignies qui n'a jamais donné une plus ferme allure à ses robustes arbres, ni une clarté plus sereine et plus profonde à son ciel reposé ; au Champ-de-Mars, deux ou trois toiles de M. Cazin qui sont des chefs-d'œuvre pour la douceur pénétrante de l'impression et la délicate perfection de l'exécution. Quant aux charmants, aux intéressants, soit par la sincérité de l'exécution, soit par l'exactitude de la représentation, quelquefois par les deux qualités à la fois, ils sont presque innombrables. Les dimensions ne font rien à l'affaire, ou plutôt ceux qui savent s'enfermer en de petits cadres ont toute chance d'y mieux concentrer et fixer leurs sensations. Que gagneraient, par exemple, ces exquis notateurs de nuances lumineuses, l'un dans le clair, le vif, le gai, l'autre dans le gris et le mélancolique, M. Boudin, l'explorateur des cotes ensoleillées, de Provence en hiver et de Normandie en été, M. Billot te, le contemplateur des banlieues misérables aux lueurs crépusculaires, à délayer leurs aimables confidences dans de plus grands vases ? M. Victor Binet, M. Barau, M. Iwill, dont la sensibilité est très aiguisée, la vision délicate, la facture minutieuse, un peu pointillée, martelée ou flottante, ne montrent-ils pas mieux leur originalité quand ils ont la prudence de la contenir ? Un de leurs aînés, M. Damoye, qui, trop souvent, avait dispersé, dans de grandes toiles pétillantes mais un peu vides, un esprit d'observateur et un sentiment de coloriste très remarquables, s'est réduit, cette année, à de plus sages proportions ; voit-on que cela lui ait porté malheur ? Qui sait si les panoramas provençaux de MM. Montenard et Dauphin, toujours si brillamment ensoleillés, mais souvent flottants comme des fragments de décor, ne prendraient pas plus de solidité et de chaleur en se ramassant un peu ?

La folie des vastes toiles, si dangereuses et si inutiles, à moins d'une destination spéciale et décorative, pour les paysagistes, paraît donc enrayée. C'est déjà bien beau de savoir remplir, d'un bout à l'autre, sans y laisser trop de vides pour l'œil et trop d'incertitudes pour le souvenir, des cadres d'un ou deux mètres carrés, la plus grande dimension des Poussin et des Lorrain, comme on le fait encore, assez fréquemment, aux Champs-Elysées. Aller au-delà, n'est que présomption ou folie. Les études les plus serrées et les plus complètes, comme celles, par exemple de M. Zuber (*Dormoir du pâturage, à Winckel*), de M. Emile Michel (*la Forêt en automne*), de M. Pierre Ballue (*Vieux noyers dans le ravin de Rezens*), de M. Simonnet (*Lever de lune* et *les Foins*) ne dépassent point ces mesures et semblent bien assez grandes. Lorsque le paysage devient décoratif, comme ceux de M. Leliepvre, ou qu'il s'emplit d'animaux robustes et bien vivants, comme ceux de MM. Barillot (*Embarquement de bestiaux*), Vuillefroy, Vayson, Marais, etc., il va de soi qu'il peut s'étendre, mais pas trop cependant. Un maître, un vrai maître, M. Vollon, nous montre une fois de plus ce qu'un peintre d'œil sensible et de main exercée peut renfermer de sensations vives et fines, de joie pour la vue, de calme pour l'esprit, dans un tout petit cadre. Son *Intérieur de l'église de Saint-Prix*, qui fait penser, aux meilleurs peintres hollandais d'architecture, à E. de Witte et à Hœckgeest, avec un grouillement coloré de figurines tout français et tout moderne, est une œuvre hors ligne, ainsi que son *Coin de cuisine*. Tant il est vrai que la bonne peinture transfigure et idéalise tout, même un pot de terre !

III

Les peintres étrangers, nous l'avons dit, abondent dans les deux Salons. On en compte, aux Champs-Elysées, 300 sur 1 453 exposants, au Champ-de-Mars, 165 sur 420 ; soit un quart, pour l'ensemble. Si l'on appliquait aux Salons annuels la méthode de classement qu'on réclame, avec raison, pour les musées, on pourrait former, d'ores et déjà, des salles séparées poulies écoles diverses. On s'y rendrait compte ainsi du rôle que chaque nation remplit vis-à-vis de nous, on verrait ce qu'elle nous apporte ou ce qu'elle nous emporte, si nous sommes ses créanciers ou ses débiteurs. Parmi ces quatre ou cinq cents étrangers, il en est sans doute qui sont ici à l'école, chez nos maîtres en renom, ou qui viennent d'en sortir, il en est qui ont élu domicile à Paris et travaillent dans la manière parisienne ; il en est beaucoup d'autres aussi qui résident dans leurs pays, ne nous doivent rien ou ne veulent plus rien nous devoir. Ce sont ces derniers qui apportent leur façon locale ou personnelle de comprendre les choses, leurs techniques traditionnelles ou originales, et qui, par conséquent, exercent, autour d'eux, une action plus ou moins immédiate et féconde. Parmi nos voisins, ce ne sont pas ceux au Midi qui se montrent ni les plus empressés à nous visiter, ni les plus originaux dans leurs façons de voir. Les quinze ou vingt Italiens qui pratiquent, avec leur dextérité habituelle, la peinture anecdotique, ne font guère que mêler, à des doses variables, les formules de Meissonier avec celles de Fortuny. L'un d'eux, Tito Lessi, atteint, dans ce genre, une perfection remarquable. Ses *Bibliophiles*, réunis et discutant, dans une de ces belles galeries boisées, où l'odeur sacrée des bouquins vénérables rangés dans les hautes armoires et les grâces galantes des mythologies qui s'agitent dans les fresques du plafond enchantent leurs imaginations érudites, et excitent leur intarissable bavardage, offrent un spectacle à la fois grave et amusant. C'est juste, bien vu, finement dessiné, agréablement coloré. Ceux que ce dilettantisme ingénieux suffit à émouvoir ne peuvent demander mieux. Chez les Espagnols, plus nombreux (une quarantaine) il y a plus d'agitation, plus d'ardeur, de force aussi et d'éclat. L'œuvre reste souvent en route, il est vrai, faute de suite ou de précision, à l'état d'esquisse passionnée. Le *Retour de la pêche*, avec les grands bœufs traînant la barque sur la grève, et la *Traite des Blanches*, un troupeau somnolent de malheureuses filles entassées dans un wagon sous la conduite d'une horrible duègne, indiquent, chez M. Sorolla y Batisda, un vrai tempérament de peintre espagnol, qui regarde avec franchise les choses de son pays, en pensant à Velasquez et à Goya. Les Portugais sont plus assagis ; c'est avec de l'esprit, de la discrétion, un goût parisien, que MM. Salgado et Souza-Pinto continuent à se faire une bonne renommée, l'un par ses fidèles portraits (*S. M. la Reine de Portugal, Mme Virginie Demont-Breton*), l'autre par ses études de types populaires et ses portraits.

Nos voisins, les Suisses et les Belges, au premier abord, ne semblent guère différer de nous. Cependant ils ont bien leur tempérament propre qui, chez les Belges surtout, éclaterait vivement le jour où ils se trouveraient groupés. Les Suisses (une vingtaine) restent des praticiens consciencieux, exacts, un peu froids, aimant l'anecdote romanesque ou morale, bien contée, en tousses détails. MM. Castres et Jules Girardet maintiennent avec talent, en des cadres modestes, cette honnête tradition. M. Burnand a-t il bien fait d'en sortir en donnant à son *Charles le Téméraire fuyant après la bataille de Morat* des proportions épiques ? L'effort est considérable, mais se sent un peu trop partout, et dans l'accentuation laborieuse des physionomies, et dans l'exactitude ministérielle des caparaçons et des orfèvreries, et dans la musculature rigoureusement détaillée des chevaux, On pense trop à la peine que le peintre s'est donnée, pas assez au désespoir de l'orgueilleux Bourguignon et de ses compagnons ahuris. Néanmoins, c'est là une œuvre considérable, pleine de talent, très intéressante et d'autant plus estimable qu'elle représente, presque à elle seule, l'art historique au Champ-de-Mars. L'exactitude genevoise, avec un sentiment grave et profond de la beauté des perspectives alpestres, se retrouve dans les paysages de M. Baud-Bovy. Du côté de Zurich, on est plus sensible à la couleur, et l'on ne dédaigne pas les beaux coups de brosse, expressifs et lumineux ; c'est de Zurich que viennent deux excellentes portraitistes, Mlle Breslau et Mme Rœderstein.

Une cinquantaine de Belges affirment avec plus d'ensemble cet amour de la bonne peinture, grasse et forte, qui soutient et fait vivre leur école, depuis Leys et les Stevens. La *Visite au malade*, par M. Struys, d'Anvers, l'un des tableaux les plus admirés aux Champs-Elysées, pour la ferme tenue et l'intensité sérieuse de l'exécution, autant que pour la simplicité émouvante des expressions, nous montre, une fois de plus, en ce maître discret et rare, un des interprètes les plus sincères et les plus pénétrants des douleurs populaires. La *Visite au malade* est une digne suite du *Gagne-Pain* et du *Mort*, qui sont restés si profondément gravés dans nos souvenirs de 1889. Une autre étude plébéienne, *le Fumoir à l'hospice des vieillards d'Anvers*, par M. Diericks, procède du même esprit d'observation sain et vigoureux. C'est avec la même hardiesse robuste et une extraordinaire liberté de brosse que certains paysagistes belges traduisent les phénomènes lumineux les plus délicats et les plus compliqués, tels que la dispersion des rayons solaires sur des nappes de neige et de verglas, ou leur emprisonnement entre des murs de hautes maisons et des eaux de canaux étroits. MM. Baerlsoen et Willaert, tous deux de Gand, ont apporté sur ce sujet des séries d'études puissantes et instructives, parmi lesquelles le *Matin de neige* et le *Seuil d'église* de M. Baertsoen nous semblent mériter place à part. MM. Verstraete et Courtens sont aussi de la région gantoise et montrent le même caractère. A Bruxelles, si l'on s'en rapporte aux tâtonnements philosophiques et allégoriques de M. Frédéric, un vrai et noble artiste dont nous avons souvent parlé, on affecterait quelque mépris pour le réalisme national et on se serait mis en quête d'un idéalisme symbolique et scientifique. Sous le titre de *la Nature*, M. Frédéric nous montre quatre enfants joufflus, arrivant tout droit de chez l'ami Botticelli, qui s'empêtrent dans des circonvolutions inextricables de végétaux, sous une pluie de fleurs et de feuilles, les génies des quatre saisons, probablement. Le dessin est incisif et expressif, le détail ingénieux et riche ; l'œuvre est curieuse et intéressante parce que M. Frédéric ne peut rien faire de banal ni d'indifférent. Est-il bien certain néanmoins que ce dilettantisme italianisant le mène plus loin que n'eût fait sa première émotion, si vive et si sincère, devant les souffrances et les labeurs de son cher peuple flamand ?

Les Hollandais sont peu nombreux : MM. Israels, Martens, H. Vos, avec trois ou quatre autres, mais ils comptent parmi eux un maître, M. Mesdag, qui suffit à leur gloire. Ses deux marines, *Après l'orage* et *Marée montante*, égalent, comme puissance d'expression, comme sûreté d'exécution, tout ce qu'il a fait de plus vrai et de plus grand. Le vieil esprit hollandais, pour la fine intelligence des figures familières semble être passé, en ce moment, chez les Scandinaves. L'*Adieu* d'un paysan à sa fiancée, dans un bois, deux figures naïvement laides, mais d'une tendresse naturelle et touchante, par M. Edelfelt ; les portraits en pied de *Boursiers d'Amsterdam*, fermement campés et spirituellement brossés, par M. Kroyer ; les *Dentellières*, si vivement groupées dans un frétillement de chiffons et de lueurs, par M. Zorn, sont des œuvres très diversement mais très nettement caractéristiques d'une façon particulière de saisir les mouvements et les expressions de la figure humaine sous quelque échappée rapide ou lente de lumière subtilement nuancée. MM. Edelfelt et Kroyer sont aussi des paysagistes entérites, mais leur maître à tous reste M. Thaulow qui, cette année encore, nous apporte d'incomparables études de rivières gelées et de nuits fraîchissantes, soit qu'il les aille chercher dans sa Norvège, soit qu'il les prenne en Normandie, puisqu'il est devenu Dieppois.

Des Russes ? nous en avons. M. Constantin Makowsky travaille toujours dans le grand, sur de petits sujets, avec un goût heureux pour les somptueux costumes de la vieille Russie. L'*Épreuve* qu'un vieux boyard impose à sa femme, dont la conduite l'inquiète, en lui faisant donner, devant lui, un baiser par le jeune prince qu'il soupçonne, est de celles qui ne seraient peut-être pas fort concluantes dans une société moins primitive. M. Pranishnikoff, le peintre de soldats lilliputiens, travaille toujours dans le petit, avec une finesse singulière (*Une charge de dragons russes, Une retraite après l'attaque*). Des Polonais ? L'un d'eux, M. Jean Rosen, est l'auteur d'un des petits tableaux les plus entourés aux Champs-Élysées : *Napoléon Ier quittant l'armée à Smorgonie*. Ce n'est pas, à coup sûr, de l'art indigène. Pour le fond, pour le mouvement juste et vif des personnages, pour le dessin net et appuyé des bêtes et des gens, c'est du Meissonier, avec une pointe, en plus, pour la tonalité sombre et triste, de pratique hongroise ou allemande ; en tout cas, ce serait bien partout. Quant aux Hongrois, leur gravité s'enfonce, de plus en plus dans le noir. Les *Saintes Femmes au pied de la croix* et *Avant la grève*, par M. Munkaczy, donnent un sentiment d'oppression pénible, tant l'air et la lumière y sont rares. L'oppression, devant l'*Elisabeth Bathori* de M. Czok, vient d'une autre cause. Si pervers que soit notre dilettantisme, nous avons peine à comprendre celui de cette princesse, blasée et féroce, qui, pour se distraire, fait amener des filles nues, l'hiver, sur la muge de sa cour, et les y regarde passer du rouge au bleu, du bleu au violet, du violet au livide, jusqu'à ce que mort s'ensuive, dans les rigidités d'une affreuse agonie. Chacun, il est vrai, prend son plaisir où il le trouve ; nous n'en trouvons aucun à contempler cette aristocratique sauvagerie, quelque talent, (et c'est un vrai talent) que l'auteur y dépense. Les portraitistes hongrois, Mme Parlaghy, M. Perlmutter, les peintres autrichiens, surtout, mondains ou anecdotiers, ne prennent point ces airs farouches, bien qu'ils usent et abusent volontiers, les uns du noir, les autres du jaunâtre. Les *Pêcheurs d'Islande*, par M. Marinitsch, sous le pont de *la Marie*, accoudés à boire, n'ont rien de particulièrement autrichien : c'est un bon tableau breton, en style réaliste, français et moderne. Les Allemands d'Allemagne campent surtout au Champ-de-Mars, où MM. Liebermann, Uhde, Kuehl, Klinger déposent, cette année, de simples cartes de visite.

En réalité, les hôtes les plus empressés et les plus communicatifs des deux salons, ce sont les Américains, au nombre de 125 et les Anglais, 80 environ. A peu d'exceptions près, les Américains viennent des Etats-Unis, presque tous élèves de maîtres parisiens, Carolus Duran, Henner, Bouguereau, Jules Lefebvre, Cormon, etc. Ils ne pourraient renier, en général, l'atelier dont ils sortent, tant ils en portent la marque, mais ils ajoutent souvent aux qualités des maîtres certaines qualités personnelles. Si M. Schannon, un remarquable portraitiste, comme Mme Lee-Robbins, procède de M. Carolus Duran, il y joint une particulière élégance, et une souplesse ferme des dessous qui en font un peintre à part. L'originalité de M. Alexander, qui tourne à l'excentricité par la contorsion maniérée de ses figures sous les jets d'étoffes en paraphes ; celle de M. Dannat, qui réduit ses improvisations espagnoles à des explosions fulgurantes de taches vives et criardes, mais parfois singulièrement expressives, en reprenant, dans ses portraits, sa forte manière, virile et savoureuse ; celle, dans le paysage, de M. Harrison, qui peuple maintenant ses marines de figures finement étudiées, s'accentuent encore cette année. M. Walter Gay, dans sa *Fabrique de tabac de Séville*, montre, plus que jamais, un sentiment vif et délicat de la lumière fraîche, de la jeunesse dans les visages, de la liberté dans les mouvements. A côté d'eux, des conteurs agréables, MM. Bridgman, Weeks, Knight, Mac-Ewen ; des portraitistes ou des figuristes élégants, Pearce, Lynch ; des paysagistes habiles, Picknell, Boggs, Gross, Hausalter ; de bons animaliers, MM. Bisbing, Griffin. Si ce n'est pas là encore une école caractérisée, c'est, du moins, un groupe extraordinairement actif, intelligent, chercheur, qui peut exciter l'émulation de ses condisciples.

Les Anglais, assurément, ne forment pas, non plus, un groupe bien compact. Il y a, chez eux, aussi, des académiques et des fantaisistes, des réalistes et des dilettanti. Néanmoins, quoiqu'ils fassent, ce qui les signale presque tous, c'est la décision qu'ils apportent dans l'application de leurs systèmes, l'énergie qu'ils mettent à se montrer hardiment des dessinateurs incisifs ou, le plus souvent, de puissants coloristes. Leurs enivres ont, en général, une tenue qui frappe et une unité qui impose. On y sent une longue réflexion, sinon une théorie préconçue, et une réflexion approfondie, si ce n'est une réminiscence littéraire. La culture d'esprit, en un mot, s'y révèle plus constamment qu'ailleurs, en même temps que la culture technique s'y montre plus attentive, parfois compliquée et anxieuse, toutes deux résultant des fréquents voyages, des comparaisons répétées, des lectures étendues.

MM. Burne-Jones, Orchardson, Herkomer, représentent bien, dans la génération finissante, ce dilettantisme compliqué qui, en Angleterre, vivifie souvent, mais parfois appauvrit ce sentiment natif des réalités extérieures commun à toutes les races septentrionales. Leur art, à tous les trois, lorsqu'ils l'appliquent à la légende ou à l'histoire, est un art aristocratique, d'une distinction un peu fatiguée. Pour bien comprendre la poésie de l'*Amour dans les ruines*, il est bon d'avoir fréquenté, chez eux, au pays des ruines et de l'amour, Mantegna et Botticelli ; pour s'amuser dans le *Salon de Mme Récamier*, il faut en connaître, depuis longtemps, par un commerce assidu, le personnel varié ; pour être séduit par la nudité douce et froide de *Toute belle, toute pure*, de M. Herkomer, il n'est pas inutile d'avoir rêvé, sous le brouillard, devant les marbres et les vases du British Muséum, un Tennyson dans sa poche, avec quelques souvenirs de Munich. Ces peintures ne s'adressent donc pas à des esprits simples, et c'est pourquoi les peintres, ceux qui sont avant tous des peintres ou ne sont que des peintres, ne partagent pas toujours pour elles l'admiration ou l'estime qu'elles inspirent à tant d'excellents amateurs. Mais où s'arrête l'art ? où finit la littérature ? Dans quelle mesure l'art doit-il et peut-il vivre de littérature ? Jusqu'à quel point la littérature peut-elle faire dévoyer l'art ? Questions de fait, plus que de principes, mais que nous ne saurions traiter ici. Pour nous en tenir à M. Burne-Jones, quel est l'artiste le plus réaliste qui, ayant seulement entrevu l'*Amour dans les ruines*, n'en conserve, malgré toutes ses protestations, un souvenir inellaçable, mélancolique, poignant ? Tonalités de convention ! Mais où n'y a-t-il pas de conventions ? Peinture désaccordée ! Est-ce que Mantegna, Ghirlandajo, Raphaël, ne sont jamais désaccordés ? Ils restent cependant Mantegna, Ghirlandajo, Raphaël, les plus grands des artistes, parce que s'ils n'ont pas, ces jours-là, l'harmonie totale, ils gardent toujours leur intensité, leur sincérité, leur grâce incomparables dans l'expression par les formes. M. Burne-Jones, sans doute, n'est pas un coloriste coulant et fondu à la mode du jour, mais c'est un dessinateur convaincu, ferme dans l'accent général, délicat et tendre dans le modelé intérieur ; cela lui suffit bien pour donner à ses visions des apparences de vie saisissantes et durables. Toute sa valeur d'artiste compréhensif, délicat, ému, n'éclate-t-elle pas d'ailleurs dans l'admirable *Portrait de jeune femme* qui accompagne l'*Amour dans les ruines* ?

Si, pourtant, on veut de la peinture savoureuse, chaude, grasse, c'est précisément ce qu'une partie de la jeune école anglaise, lorsqu'elle se débarrasse des formules du Préraphaélitisme, comme celui-ci s'était délivré des formules de l'Académie (ainsi va et vient, éternellement, le cours des choses) s'escrime à nous vouloir donner. Aux Champs-Elysées, comme au Champ-de-Mars, on peut déjà voir nombre de tableaux, ou plutôt d'esquisses, dans lesquels le souci et la recherche de la tache fortement colorée prétendent tenir lieu de tout. M. Brangwyn est le type de ces plaqueurs violents d'accords hardis. C'est l'orgie de gin, après une retraite de tempérance, un accès de romantisme passionné à la suite d'une convalescence mystique, le retour, en somme, à la vieille tradition nationale des Reynolds, des Crome, des Gainsborough, des Constable. Les Ecossais, sur ce point-là, n'y vont pas de main morte, portraitistes ou paysagistes. Les Anglais de Londres restent, en général, plus modérés, et quelques-uns, comme M. Davis, font encore des paysages excellents en y apportant cet extrême souci du détail exact qui fut longtemps le caractère de l'école. Quels qu'ils soient, remercions-les tous de venir nous apporter les preuves de leur activité ; nous pouvons profiter de leurs exemples comme ils peuvent profiter des nôtres.

LA SCULPTURE

Lorsqu'on s'est promené un certain temps parmi les six cents figures de marbre et de plâtre, plus ou moins dégingandées, qui se groupent en files pressées entre les plate-bandes du palais des Champs-Elysées, et que l'on tombe, épuisé, sur quelque banquette hospitalière, on distingue, si je ne m'abuse, dans la multiplicité des sensations qui accompagnent d'ordinaire un pareil exercice, deux impressions dominantes : la première est que, depuis les grands jours du moyen âge et du XVIIe siècle, depuis les constructions passionnées d'églises gothiques et de palais classiques, jamais peut-être l'école française n'a été en mesure de fournir plus d'ouvriers habiles et de praticiens exercés dans l'art de tailler des images à ceux qui les sauraient employer ; la seconde, que cette multitude de sculpteurs, laborieux et bien éduqués, abandonnés à eux-mêmes par l'indifférence publique, dépensent le plus souvent, à tort et à travers, leur activité stérile en travaux insignifiants, d'une virtuo-sité démodée, faute d'une direction intellectuelle et soutenue qui leur assigne une part utile dans le mouvement général des arts et leur fournisse des motifs d'inspiration plus sérieux et plus nou-veaux.

Le morceau isolé de sculpture, celui qu'on peut déposer partout, suivant le hasard des circonstances, dans une galerie ou dans un jardin, sur une terrasse ou dans un musée, celui qui n'emprunte point ou qui n'apporte point à l'architecture environnante une part de sa signification et de son expression, ne devrait être qu'une exception rare dans la production courante. Il en fut ainsi à toutes les belles époques de l'art, aussi bien en Grèce qu'en Égypte, aussi bien en France qu'en Italie. Les épaves du passé, marbres, pierres ou bronzes, que les musées, dans leurs froids corridors, recueillent et classent, après la destruction des monuments, comme les feuilles de l'herbier conservent les fleurs jaunies, une fois leurs saisons passées, sans tiges et sans feuilles, loin de la terre qui les nourrissait et du ciel qui les colorait, nous disent, néanmoins, presque toutes encore, par quels liens puissants ou tendres elles tenaient à la vie : décors de temples ou d'églises, parures de villas ou de palais, images funèbres ou voluptueuses, souvenirs de gloire ou d'amour, tous ces groupes, ces figures, ces bustes se sont d'abord associés à mille autres choses pour parler plus naïvement et plus éloquemment à leurs contemporains. Il a fallu quelque catastrophe violente ou les atteintes lentes et fatales du temps pour les livrer ainsi, sans supports et sans accompagnements, à la curiosité des oisifs et à l'analyse des pédants. Aujourd'hui, les choses vont à l'inverse C'est dans la pièce isolée, dans le morceau de bravoure, celui qu'on destine d'abord au Salon, puis ensuite à un musée, dans le morceau sans destination et sans but, que la plupart des sculpteurs se trouvent réduits, soit par excès d'amour-propre, soit par défaut de commandes, à montrer ce qu'ils savent et ce qu'ils peuvent. De là cette énorme quantité de figures sans signification, qu'on affuble, presque au hasard de noms mythologiques, bibliques, allégoriques, humanitaires, toujours les mêmes, qui ne sont que prétexte à se faire la main ou à prouver sa maîtrise, qui obtiennent fatalement et légitimement les récompenses régulières par leur correction matérielle, niais qui ne présentent pas plus d'intérêt pour le passant dont elles sollicitent les yeux qu'elles n'ont allumé d'ardeur dans l'âme des artistes dont elles ont tout au plus fatigué la main.

Ce n'est pas que, parmi ces exercices plastiques, il n'en soit qui ne témoignent, chez leurs auteurs, d'une intelligence délicate ou puissante de la beauté corporelle, parfois même d'une certaine sensibilité poétique ou morale. L'*Illusion*, par M. Charpentier, ouvre agréablement la série. Pourquoi l'*Illusion* ? Une jeune femme nue, tenant d'une main une branche de fruits, de l'autre une poignée de roses froissées, qui penche la tête et qui ferme les yeux, est-ce une allégorie bien claire ? Mais les formes sont souples, l'allure bien rythmée, les yeux sont satisfaits. Néanmoins, la vaillance du sculpteur s'accuse plus franchement dans sa vivante et chaude figure en bronze de *Madier de Montjau*. L'*Ève* accroupie de M. Dagonet, dans sa pose ramassée, la tête sur ses genoux, rappelle une des dernières compositions de cet excellent Delaplanche ; les jambes, entourées par les bras, sont plus serrées encore ; l'ensemble forme une espèce de masse cubique dans le goût de certaines pleureuses égyptiennes, qui serait assez disgracieuse si l'habileté du sculpteur n'en avait remarquablement combiné les lignes et assoupli les contours. Il n'y faut pas trop chercher l'expression d'une douleur profonde, mais le morceau est d'un bon style. N'est-ce pas encore une Eve quelconque s'éveillant à la vie, que le public croit voir dans la jeune géante, assise sur le sol, les yeux encore clos, soulevée à demi, s'étirant les bras, qui représente, suivant M. Boucher, la *Naissance de la Terre* ? Le titre semble avoir été mis après coup, comme les noms d'héroïnes bibliques ou d'illustres dames de la renaissance dont les peintres du premier étage baptisent *in extremis* leurs études d'après le modèle parisien, au moment d'en faire la déclaration légale aux employés du catalogue. Rien ne justifie, ni dans le caractère, ni dans l'attitude, ni dans les accessoires, les ambitions cosmogoniques de cette robuste tille, dont la tête étroite, d'un profil court et mesquin, ne doit pas contenir beaucoup de cervelle. M. Boucher, qui est un de nos plus vigoureux tailleurs de marbre, pense beaucoup à Michel-Ange ; il s'attaque, volontiers, comme lui, aux figures colossales. Désirerait-il, comme lui, joindre, à la gloire de l'artiste, la gloire du penseur ? On le croirait, car il nous présente, depuis quelque temps, toutes ses études comme de hautes synthèses sur lesquelles nous sommes invités à méditer : s'il représente une femme qui s'endort, c'est le *Repos* ; s'il agrandit, avec un talent considérable, mais sans originalité inventive, le superbe Adam de Jacopo della Quercia, travaillant la glèbe, le pied sur sa bêche, cela devient la *Terre*. Pour cette dernière figure, passe encore, l'œuvre était imposante et pouvait, jusqu'à un certain point, supporter ce titre ambitieux ; mais, avec ce système, nous n'aurions bientôt plus, au Salon, que des créations philosophiques, scientifiques, symboliques, à trop peu de frais, en vérité, et sans que la pensée moderne s'en trouve suffisamment fortifiée ou éclairée. Il n'est pas de paysanne allaitant son nourrisson qui ne puisse devenir la *Materni-*

té ou même l'*Humanité*, pas de troupier combattant qui ne puisse symboliser la *Patrie* ou la *Gloire*. Les grands mots ne suffisent point à faire les grandes œuvres. Avec des intentions plus modestes, la figure de M. Boucher, puissamment modelée en quelques parties, trouverait la critique disposée à plus d'indulgence pour la disproportion et l'insignifiance de la tête, et pour une hésitation générale dans la construction et dans le mouvement de la figure, qui arrêterait, à elle seule, l'imagination dans son essor vers un idéal surhumain. En de pareils colosses, pour qu'ils nous puissent ravir, il faut que la vie surabonde et fasse, d'un bout à l'autre, palpiter toute la masse. D'autres *Èves*, moins ambitieuses, celle de M. Perrey qui a laissé, comme une charmeuse, s'enrouler le serpent autour de son bras, celle de M. de Gontaut-Biron, plus méditative, sous le titre un peu moderne de *Première suggestion*, laissent encore un souvenir agréable.

Sapho, une autre pécheresse, moins naïve et se prêtant moins aux interprétations morales, continue à attirer, vers le rocher de Leucade, une troupe d'adorateurs attardés. M. Guilbert, naviguant sur la mer bleue, arrive, juste à point, près de la côte, pour voir, de face, la désespérée faisant le grand saut et descendant vers l'abîme. C'est d'un œil inquiet et surpris qu'on voit tomber, tous voiles rejetés, les jambes écartées, ce beau corps de marbre qui va se briser ou s'aplatir, dans une seconde, sur la grève. Cette fixation d'un mouvement rapide et fatal, qu'interrompt seulement, pour la circonstance, et contrairement à la vérité, un artifice de métier, est une de celles qui répugnent le plus à l'art sculptural. On ne saurait approuver M. Guilbert de s'en être servi. Le gros public, sans doute, s'extasie d'abord devant ces difficultés d'équilibre qu'il considère comme des tours de force, mais, avec son invincible bon sens, il s'en détourne aussi vite qu'il y est venu, éprouvant, lui-même, peu de plaisir et même quelque embarras à analyser les perfections plastiques ou l'expression douloureuse d'une personne qui tombe si vite et qui devrait déjà être en bas. Dans le cas présent, c'est dommage, car la personne est belle, d'une beauté mûre, assurément, mais encore attrayante, avec un air de tête passionné et fatigué ; c'est le meilleur morceau de marbre qu'ait sculpté M. Guilbert ; on en aurait mieux apprécié les mérites, s'il avait été présenté plus simplement. MM. Armand-Auguste en faisant comparaître *Sapho devant Phaon*, Mme Cranney-Franceschi, en nous la montrant encore debout sur le rocher. M. Seysses, en recueillant son corps tombé sur la plage se sont conduits en sculpteurs plus avisés. Celle de Mme Cranney-Franceschi est une aimable femme, de petite beauté, mais d'un désespoir sincère ; en s'avançant vers le précipice, sa résolution prise, elle rejette sa lyre inutile et s'arrache du front la couronne méprisée ; le mouvement est heureux, bien qu'il cache trop le visage. M. Seysses, qui a de la vigueur et du style, a donné à la grande victime une beauté plus ferme, presque virile. Couchée à plat sur les rochers, les deux mains étendues sur sa lyre qu'elle n'a pas abandonnée, les jambes repliées, elle ne montre guère que le dos ; c'est une bonne étude, menée avec soin, très intéressante pour les spécialistes, mais qui, comme toutes les études de ce genre, reste insuffisamment expressive et ne parle guère à l'imagination.

Ne faut-il pas voir encore une conséquence de ces habitudes scolaires auxquelles leur isolement condamne trop longtemps les sculpteurs dans cette multitude, chaque année croissante, de figures couchées et plaies qui s'étale sur les bas piédestaux du Salon ? Ce ne sont, de tous côtés, que morts ou mourants, évanouis, endormis, la plupart sans mouvement, quelques-uns se livrant à des contorsions violentes, soit par suite d'un cauchemar, soit pour cause d'empoisonnement. Pourquoi cet amour des attitudes horizontales ? Rien de plus simple. C'est que le modèle, étendu de la sorte, sur un bon tapis, donne aisément une pose plus longue et plus régulière que le modèle debout, dans une attitude expressive et pénible à tenir. Cela devient presque une étude de nature morte, et le sculpteur est impardonnable qui ne l'exécute pas en perfection. Mais quelles fonctions sociales donner à tous ces *gisants*, qui ne présentent ni l'intérêt iconographique, ni l'intérêt historique par lesquels les vieilles images funèbres, allongées, les mains jointes, dans leurs superbes costumes ou dans leur grave nudité, sur la pierre des tombeaux, nous retiennent et nous instruisent ? Dans un jardin ou dans une galerie, quelle pauvre décoration que ces corps aplatis, sans expressions et sans reliefs ! Ce ne sont donc que des thèmes d'atelier, et c'est ainsi qu'il les faut juger. Mais que de temps et d'efforts perdus par d'excellents praticiens et qui auraient pu être mieux employés !

Parmi ces études, la victime de Cléopâtre, l'*Esclave empoisonné*, de M. Loiseau-Rousseau, mérite une attention spéciale. Le spectacle n'est pas récréatif ; le pauvre diable, tombé sur le dos, en proie aux convulsions d'une horrible agonie, se tord violemment, la tête renversée en arrière, s'arc-boutant des épaules et des cuisses, les jambes tendues, se déchirant d'une main la poitrine et de l'autre arrachant des lambeaux de la peau de bête sur laquelle il se débat. Le sculpteur, toutefois, a mené sa tâche avec une résolution si ferme et si soutenue, il a si fortement, d'un bout à l'autre, exprimé la tension musculaire et l'angoisse du désespoir, dans tous les membres de ce corps robuste, sans affectation mélodramatique ou sentimentale, qu'il faut reconnaître dans cette habileté mieux qu'une virtuosité banale. On doit désirer voir ce jeune artiste appliquer, le plus tôt possible, sa vigueur bourguignonne à quelque ouvrage plus significatif.

Le *Christ au tombeau*, qu'un artiste de Tours, M. Varenne, très au courant de l'art national du XVe siècle, a modelé, dans le goût simple et fort des vieux imagiers, reste, malgré cette imitation avouée, une œuvre personnelle, d'un caractère grave et d'une expression ressentie qui la distinguent suffisamment des figures environnantes. On regarde aussi, avec plaisir, les corps charmants d'une jeune *Épave*, que M. Akermann (de Stockholm) a trouvée sur la plage et d'une *Madeleine* jetée sur le sol par M. Barnhorn (des États-Unis) ; dans ces deux morceaux, l'exécution est attentive et délicate, mais, d'ailleurs, toute française. La remarque peut s'appliquer aux ouvrages de presque tous les étrangers, qu'on rencontre dans la section de sculpture ; l'influence directe et unique des maîtres français s'y marque plus profondément que dans les œuvres de peinture. Le fait s'explique à la fois et par l'absence d'écoles indigènes, dans la plupart des nations, et par la persistance d'une tradition séculaire qui a presque toujours assuré aux sculpteurs français, depuis le XIIIe siècle, sauf durant la période italianisante de la Renaissance, notamment au XVIIe et au XVIIIe siècle, une suprématie incontestée en Europe, surtout dans l'Europe septentrionale. Suprématie durable, fondée à la fois sur des qualités de tempérament spécial et sur un régime de forte éducation technique, et que toutes les expositions universelles n'ont cessé de mettre en lumière !

Quelques-unes des qualités traditionnelles de la sculpture française, soit cette franche vigueur de conception, et cette hardiesse simple d'expression qu'elle a héritées du moyen âge, soit cette intelligence de la beauté ou tout au moins de l'élégance plastique que le XVIe siècle lui a léguée, soit le goût du grand rythme et de l'équilibre décoratif qu'elle doit à l'enthousiasme laborieux des périodes classiques, se retrouvent, toujours, à des degrés divers, dans les œuvres exposées chaque année. Suivant son propre tempérament, chaque sculpteur, à l'occasion, demande un peu plus conseil aux maîtres académiques, ou aux maîtres primitifs ; la plupart, avec raison, se nourrissent à la fois de toutes ces traditions successives et combinées dont l'amalgame irréductible donne, en réalité, dans l'art comme dans la pensée, à notre âme française, mixte et multiple, internationale et universelle, sa puissance vivace d'expansion et de communication. C'est sans parti pris de pédantisme ni d'archéologie qu'ils cherchent simplement, en s'inspirant de la nature et de la vie, à exprimer, par les moyens techniques les plus complets, ce qu'ils ont envie de dire ou ce qu'on les engage à dire. Nous ne voyons pas ce qu'ils auraient à gagner à devenir des théoriciens plus exclusifs ou des érudits plus systématiques, à s'enfermer, de parti pris, comme l'y pousseraient volontiers tour à tour des amis convaincus, d'opinions diverses, mais également formalistes, dans la gêne étroite d'un réalisme opiniâtre, ou dans la vague ivresse d'un idéalisme conventionnel. La noblesse des images de Chartres et de Reims, la sincérité des effigies de Saint-Denis, l'élégance des déesses d'Anet et de Fontainebleau, la vigueur pompeuse des héros de Versailles ou des athlètes de Marseille, la grâce aimable des nymphes de Trianon, tout cela, c'est également notre patrimoine, et nous ne saurions vouloir y renoncer, même en partie, sans nous amoindrir et nous affaiblir. On aura beau dire et beau faire, l'âme d'un artiste français sera toujours une âme éclectique, mobile et souple comme l'âme même de la nation. N'est-ce pas, en vérité, à cette facilité d'évolution, toujours accompagnée d'un goût attentif et d'une science loyale, que nos sculpteurs français, depuis la Renaissance, doivent d'avoir échappé à la contagion des décadences environnantes ? Laissons-les donc libres de prendre avis et conseil où ils voudront, efforçons-nous, seulement, de les occuper ; c'est là la grande affaire.

Combien l'idée d'une destination précise, d'un effet déterminé, combien l'obligation de satisfaire à un bon programme ou d'étudier seulement une figure intéressante donnent de force et de ressort à un sculpteur ! Les œuvres de MM. Falguiére, Mereié, Paul Dubois, Frémiet, Marqueste, Verlet et bien d'autres, à un degré moindre, en sont des preuves frappantes. Parmi les nombreuses statues historiques qui se dressent sur les gazons des Champs-Elysées, le *Henri de La Rochejaquelein* par M. Falguiére, est celle dont on se souviendra le plus longtemps. Ce n'est qu'un plâtre, à peine complet, resté à l'état d'ébauche en quelques parties, mais si vivant, si expressif, d'une allure à la fois si décidée et si simple, si martiale et si douce, qu'on en reste tout ému et charmé. Ah ! certes, oui, il les devait entraîner aisément, les bons paysans de Vendée, croyants et naïfs, ce beau et svelte jeune homme à tête d'ange, dont le profil extatique et énergique rappelle, sous son haut feutre à larges bords, celui des jeunes saints nimbés devant lesquels on s'agenouille dans l'ombre des chapelles. Nulle convention, nul sacrifice pourtant de vérité, ni d'exactitude. Debout, chaussé de bottes molles, vêtu d'une longue redingote, coiffé de travers, une main sur la garde de son sabre, l'autre gantée et tenant l'autre gant, le gentilhomme insurgé se présente, au repos, dans la tenue la plus correcte. Au repos ? Disons-nous bien ? D'attitude, cela est vrai, mais non de cœur ni d'intention ; car, sans un geste, sans une violence de lignes, l'étonnant sculpteur a animé, d'un bout à l'autre, et le corps et les vêtements, de cette passion intérieure, de cette conviction belliqueuse et religieuse, qui rayonnent, si vivement, sur le visage. Si M. F aiguière n'avait pas appliqué sa pensée à la réalisation d'une si haute et noble figure, nous aurions probablement une *Ariane* ou une *Junon* de plus. Faut-il nous en plaindre ? Assurément non. Le modèle de *La Rochejaquelein* qui, dans sa forme définitive, nous réservera sans doute encore quelques surprises, ajoute déjà à la gloire du sculpteur un rayon plus pur et plus vif, nous ne voulons pas dire inattendu ; nous retrouvons là, en effet, avec plus d'ampleur et de liberté, ce charme d'une inspiration tendre et forte qu'on salua, dès 1868, dans le *Tarcinus martyr*, et que vingt-sept ans d'une fécondité ininterrompue n'ont pas épuisée chez l'artiste toujours grandissant.

S'apitoyer mélancoliquement sur la fâcheuse éducation de nos sculpteurs que leurs maîtres condamnent ou qui se condamnent eux-mêmes à étudier l'Antiquité et la Renaissance, les plaindre d'être à la fois capables de comprendre les plus belles élégances de la plastique et les plus nobles simplicités de l'expression, ne voir dans cette ouverture et cette étendue d'intelligence qu'une cause « l'impuissance ou d'affaiblissement, n'est-ce pas, en vérité, le résultat d'une bien singulière erreur, et qui semble inexplicable lorsqu'on regarde les *Jeanne d'Arc* de MM. Paul Dubois et Mercié ? Pour avoir complété à Florence et à Rome cette saine éducation des yeux qu'ils avaient commencée et qu'ils devaient continuer dans leur pays, pour avoir débuté, avec un éclat qu'on ne saurait oublier, l'un par cet incomparable *Narcisse*, si délicieusement animé du souffle grec, qui est devenu, pour toutes les écoles du monde, un modèle classique, l'autre, par ce jeune *David*, d'une si triomphante allure que toute l'école s'en trouva comme rajeunie, en sont-ils devenus tous deux moins capables d'exprimer en bon art français les douleurs ou les espérances des âmes françaises ? Entre leurs mains savantes et consciencieuses, Jehanne la Pucelle, l'héroïne nationale, a-t-elle repris une figure moins simple et moins conforme aux traditions historiques qu'elle n'eût fait chez des sculpteurs moins expérimentés ?

La statue équestre, en bronze, de M. Paul Dubois, est-elle bien celle-là dont le modèle en plâtre fut exposé en 1889 ? On a peine à le croire. En effet, tout en conservant à peu près l'attitude et le costume de la figure, le sculpteur a tellement corrigé, modifié, perfectionné l'ensemble et les détails qu'on se trouve en présence d'une œuvre nouvelle. La description que nous en donnions alors dans la Revue reste exacte pour le premier aspect, mais si l'on compare, par exemple, les photographies des deux ouvrages, on s'aperçoit qu'il n'y a presque pas de point sur lequel l'attention scrupuleuse de l'artiste n'ait apporté quelque légère ou grave amélioration. C'est le cheval surtout qui s'est métamorphosé ! En 1889, nous l'admirions pourtant déjà : « Cet animal est superbe, disions-nous. Il pousse en avant comme s'il avait conscience de son rôle, marchant au trot, la jambe haut levée, en cheval de fine race. Le mouvement est admirablement marqué, sans effort, sans violence, par toute la poussée du corps, l'inclinaison de la crinière, la fuite de la queue. » Mais, si nous revoyons aujourd'hui ce cheval de 1889 à côté de son successeur, nous le trouvons, par comparaison, presque lourd et presque banal, tant l'artiste, en approfondissant sa pensée, a serré de plus près, pour la bête comme pour le reste, l'idéal qu'il s'était formé et dont il avait pu déjà nous faire pressentir la grandeur. Quant à la cavalière, elle aussi était moins bien en selle, moins ferme sur ses étriers, moins confiante en son destrier, par conséquent moins entièrement livrée à l'extase religieuse et patriotique qui la soulève et qui la mène. Par l'élargissement de la selle, dont les bâtes de troussequin et d'avant, plus arrondies et plus souples, emboîtent mieux le corps, par l'adjonction des courroies de poitrail et de croupière assurant la stabilité de cette selle, le sculpteur a mieux associé qu'il ne l'avait fait d'abord la chevaucheuse à sa monture, et leur a donné, dans l'allure, dans le mouvement, dans l'expression, une cohésion plus saisissante et plus entraînante. Ce fin et nerveux coursier, allant à son but d'un train si décidé et si sûr semble vraiment le compagnon et l'ami, plutôt que l'esclave, de la fille inspirée qu'il porte et dont l'inconcevable prestige l'a dompté et entraîné, comme il domptait et entraînait tous les êtres vivants autour d'elle. On sait quel était, l'amour de Jehan né pour les chevaux, et combien elle s'occupait de son écurie ; à Compiègne, elle en avait quinze, et se plaisait surtout à monter les difficiles et les rétifs. « Elle chevauche les coursiers noirs, dit le greffier de la Rochelle, de tels et de si malicieux qu'il n'estoit nul homme qui bonnement les osast chevaucher. » Et devant les murs de Jargeau, le 8 juin 1429, un chevalier, Gui de Laval, écrit à sa mère : « Ce semble chose toute divine, et de la voir et de l'ouïr… Et la vis monter à cheval, armée tout en blanc, sauf la tête, une petite hache en sa main, sur un grand coursier noir qui, à l'huis de son logis, se démenoit très fort et ne souffroit qu'elle montast. Et lors elle dit : « Menez-le à la croix », qui était devant l'église, auprès, au chemin. Et alors *elle monta, sans qu'il se mût, comme s'il fust lié.* Et lors se tourna vers l'huis de l'église qui estoit bien prochain, et dit en assez bonne voix de femme : « Vous, les prêtres et gens d'église, faites procession et prières à Dieu. » Ce n'est pas Gui de Laval seul qui nous apprend la répugnance qu'avait Jehanne à s'armer d'un casque, soit que cette coiffure pesante la gênât dans ses mouvements, soit plutôt qu'elle tînt à se montrer, dans la mêlée, la face découverte, pour être reconnue, et pour entraîner, par l'animation de ses regards irrésistibles, les hésitants ou les lâches. M. Frémiet, en la laissant tête nue, dans la belle statue de la place des Pyramides, n'a donc pas été infidèle à l'histoire ; c'était pourtant le droit de M. Paul Dubois de la coiffer d'un casque ; léger et simple comme le reste de son armure, d'un casque blanc. Il l'a fait habilement, de façon à dresser en lumière tout le visage, ce visage intelligent et naïf, d'un type volontairement rustique et irrégulier, plus rustique et plus irrégulier même qu'il ne semble avoir été, d'après les témoignages contemporains. Bien que le casque soit étroit, il suffit à cacher tous les cheveux, coupés « ronds et courts », ce qui accentue l'air extatique du visage, mat et pur, celui d'une petite nonne enserré dans sa coiffe luisante. M. Paul Dubois n'a point non plus menti à l'histoire en équipant la mouture d'un harnais élégant et, suivant l'usage du temps, « bien ouvré ». Dès qu'elle fut accueillie à Chinon. Jehanne, rapidement acclimatée, avait pris sans peine les allures, les goûts d'une grande dame pour les riches étoffes et les fines orfèvreries. Le jour où on lui apporta l'épée de Sainte-Catherine, de Fierbois, son premier soin fut de l'envoyer à Tours, la ville des artistes, « pour y faire faire, dit le chroniqueur, un fourreau d'ornement d'église. » Quelques jours après, à Orléans, elle se commandait une *huque de vert perdu* (pardessus de couleur vert sombre) et une *robe de fine Brucelle vermeille* (de fin brocart flamand vermeil) au prix de deux et quatre écus d'or l'aune. Cette fille extraordinaire, à tous les genres d'héroïsme et d'intelligence joignait même, on le voit, un sentiment d'élégance et d'art. De quelque façon que les artistes la représentent, ils auront toujours peine à nous donner une idée complète de sa noble et incomparable personnalité dans laquelle le mysticisme et l'esprit pratique, l'exaltation et le sang-froid, la hardiesse et la douceur, la piété et la bonne humeur se mêlent d'une façon si surprenante. M. Paul Dubois a représenté, dans ce chef-d'œuvre supérieur et achevé, la guerrière inspirée, la croyante qui rend hommage au ciel de sa victoire. L'idée n'est pas nouvelle, car c'était celle de Foyatier, sur la place du Martroy, à Orléans, mais entre l'amazone pesante, hésitante, vaguement définir de Foyatier, et la missionnaire fervente, résolue, expressive, vivement et profondément précisée, de M. Paul Dubois, il y a toute Indifférence d'une noble tentative à une réalisation complète et définitive. D'autres artistes pourront encore, cependant, après lui trouver dans la figure de Jehanne des aspects différents qu'ils s'efforceront de rendre ; la matière n'est point épuisée.

Voici M. Mercié, par exemple, qui reprend, pour le monument de Domremy, un sujet souvent traité, la mission de Jeanne, ses visions, son départ. M. Mercié est un sculpteur héroïque ; c'est dans les puissantes allégories d'une synthèse haute et générale qu'il se développe à l'aise : le *Gloria Victis*, le *Génie des Arts*, le *Quand Même* ! etc. Partout ailleurs, dans la figure isolée, dans l'épisode, il hésite et se rapetisse. Nous en avons la preuve ici même, dans une statue de *Guillaume Tell* posant le pied sur le rocher ; condamné à suivre un programme sans doute trop étroit, forcé de reproduire une figure banalisée, sans rien modifier au costume ni aux accessoires, M. Mercié a senti tiédir sa verve ; il n'a abouti qu'à tailler une image correcte, d'un aspect fier et énergique, mais sans caractère saisissant ; on peut croire qu'il en eût été tout autrement s'il avait eu à représenter la *Libération de la Suisse*. Devant Jeanne d'Arc, il ne pouvait se laisser emprisonner dans l'anecdote, ni traiter à nouveau cet épisode des voix entendues, des visions apparues qui a fourni successivement à Rude, à Benouville, à Chapu, à Bastien-Lepage, à André Allar, à bien d'autres, un motif heureux d'inspiration. La scène du départ de Jeanne, dans son imagination tournée au grandiose, a pris l'aspect d'une synthèse historique. Ce n'est plus saint Michel, ni sainte Catherine, ni sainte Marguerite qui arrachent la bergère à sa quenouille et à ses brebis et la poussent, malgré elle, vers les batailles ; c'est la France même, ce royaume de France « où il y a grand'pitié », sous la figure d'une noble et triste reine, au long manteau fleurdelisé, d'une taille noble et surhumaine, le visage flétri sous ses tresses en désordre et sa fière couronne, avec son écu faussé et transpercé. La haute apparition, désolée et dominatrice, se dresse derrière la fille prête enfin à marcher, exaltée et résolue, et lui pose la main sur l'épaule, en l'encourageant de la voix. Jeanne, la tête dressée, les yeux au ciel, la main gauche sur le cœur, brandissant de l'autre la grande épée qu'elle vient de recevoir, s'élance en avant. La figure semblerait théâtrale, si par l'ardente expression de la tête, la simplicité du costume, la franchise générale de l'allure, et surtout le grand développement de la compagne idéale et souveraine qui la protège et qui la transforme, l'artiste n'avait rendu sa noblesse primitive à une attitude naturelle dont le seul tort est d'avoir fourni un thème trop facile aux cantatrices et aux tragédiennes. M. Mercié n'a point dédaigné, non plus, les bonnes sources. Son respect de l'histoire, son sentiment juste et ému de la vérité, se révèlent dans l'ajustement, la coiffure, la physionomie de la France autant que dans l'habillement rustique et le type énergique de Jeanne. Comme Rude, Chapu, Bastien-Lepage, M. Mercié a cru qu'il convenait de donner à la bonne Lorraine un type de nos provinces de l'Est, lorrain ou alsacien, un type actuel et vivant, mais, de plus, en sculpteur épris de beauté, il a cru pouvoir le choisir beau et régulier, ce que rien ne lui interdisait. Le visage de Jeanne, très réel et très ferme, diffère donc beaucoup, chez lui, du visage idéal et attendri qui semble avoir été, chez M. Paul Dubois, la réminiscence d'une effigie du XVe siècle autant que l'interprétation d'une figure rencontrée. L'ensemble est très imposant, d'un rythme épique et martial, presque aussi pittoresque que plastique ; il faut d'ailleurs se souvenir que ce n'est là qu'une première pensée pour une œuvre monumentale et décorative, et qu'il serait injuste d'incriminer l'artiste pour quelques négligences, lourdeurs ou imperfections qu'il saura bien faire disparaître dans l'exécution définitive. La supériorité des *Jeanne d'Arc* de MM. Paul Dubois et Mercié fait tort, naturellement, à toutes les autres effigies de la Pucelle. Néanmoins, la Jeanne, à pied, au combat, *Devant Jargeau*, par M. Lanson, est une figure énergique, qui arrête justement l'attention ; et l'on remarque aussi une expression élevée d'enthousiasme dans la Jeanne polychrome de M. Allouard, *Après la Victoire*.

Des œuvres sans parti pris d'école, à la fois réelles et imaginées, puissamment conçues et soigneusement exécutées, résultat d'une observation précise et d'une pensée bien définie, telles que celles de MM. Falguière, Paul Dubois, Mercié, indiquent, mieux que toutes les paroles, la voie féconde dans laquelle doit résolument entrer la sculpture contemporaine. Qu'il s'agisse d'effigies commémoratives ou de compositions monumentales, c'est dans la réalité même, réalité du présent ou réalité du passé, qu'il faut chercher la source de l'inspiration et les éléments de l'idéal. En dehors de la vérité, de la vérité librement choisie, simplifiée, agrandie, il n'y a qu'un art éphémère et factice, qu'il procède d'une tradition scolaire ou qu'il s'en tienne au caprice individuel. M. Mercié a prouvé éloquemment par son groupe de *Quand même !* et par celui de *Jeanne d'Arc* que l'art héroïque n'avait jamais besoin de mentir, soit qu'il eût à célébrer les malheurs d'hier, soit qu'il eût à glorifier les réveils d'autrefois. Une paysanne d'Alsace et un troupier d'infanterie, une reine, rencontrée sous une vieille miniature et une fille de Lorraine, sont devenus, dans ses mains, des personnages plus hauts et plus épiques que tons les grands capitaines du XVIIe siècle déguisés en empereurs romains et toutes les allégories mythologiques, bonnes à tout faire. C'est à la vérité vivante ou historique, mais c'est toujours à la vérité qu'il a demandé, dans ses grandes œuvres, et qu'il a dû le rajeunissement de sa pensée et l'exaltation de sa vision. Ce qu'il a fait, ce qu'ont fait MM. Frémiet, Paul Dubois. Falguière, tous doivent désormais chercher à le faire, et lorsqu'il s'agira surtout de souvenirs nationaux, nous demanderons à nos sculpteurs de jeter là définitivement les vieilles défroques de l'école et du dilettantisme, et d'être résolument français, comme ces maîtres illustres le sont aujourd'hui !

Le groupe monumental, d'une importance exceptionnelle, qui a valu la médaille d'honneur à M. Bartholdi, devrait clore, à notre sens, la série de ces compositions solennelles et indécises, dans lesquelles on a cru longtemps retrouver plus facilement la noblesse et la grandeur par un mélange compliqué d'accessoires explicatifs et d'allégories surannées, dont le moindre défaut était de parler, en général, un langage très confus, de ne point exprimer ce qu'elles devaient dire, de s'appliquer indifféremment à toutes les races et à toutes les époques. Le sujet était beau : *la Suisse secourant les douleurs de Strasbourg pendant le siège de 1870*, mais à la condition d'être présenté clairement et franchement. M. Bartholdi l'a bien compris pour la ville de Strasbourg, à laquelle il a donné le costume alsacien, comme avait fait M. Mercié, et qui s'avance, triste mais résolue et ferme, vers la Suisse, sa bonne sieur, qui lui prend le bras et lui couvre la tête de son bouclier. On reconnaît donc l'Alsace ; mais qui reconnaîtrait la Suisse, malgré son air ému, dans cette déesse antique portant le diadème des matrones ? Une robuste fille de Baie, de la ville où doit être érigé le monument, nous eût bien suffi, et aurait pu montrer, aussi bien que l'Alsacienne, la dignité nécessaire. Notre embarras d'esprit se complique encore par la présence d'un ange à demi nu, aux ailes éployées, arrivant de Versailles, qui accompagne l'Alsace, et par celle d'un enfant nu, d'une pauvre famille, d'un jeune blessé, cachés derrière le groupe principal, qui semblent honteux, dans leurs aspirations académiques, de garder encore quelques lambeaux de vêtements modernes, souvenir bien vague de leur pays et de leur temps. Ne sentez-vous pas tout ce que M. Bartholdi aurait trouvé d'invention, de clarté, de grandeur, dans une acceptation franche et hardie de la simple réalité ? Tout ce qu'il a dépensé de savoir et de vigueur dans l'exécution de cette œuvre énorme n'en peut sauver le défaut capital, qui est l'absence de signification évidente et précise.

On éprouve, si je ne me trompe, des impressions du même genre, c'est-à-dire peu satisfaisantes, devant un certain nombre d'autres monuments commémoratifs conçus dans la même donnée, où l'association factice des figures réelles et des figures allégoriques semble plutôt opérée par l'application d'une formule scolaire que par la vision personnelle d'une imagination exaltée et convaincue. Dans le monument qu'on doit élever à Sedan *A la mémoire des soldats morts pour la patrie*, M. Croisy, qui connaît à merveille son troupier, a posé sur le devant un fantassin, décoiffé et blessé, qui glisse et va tomber, s'appuyant d'une main sur son fusil, de l'autre sur un canon ébréché. La figure est excellente, assez belle et grande, parce qu'elle est vraie, vivante, comprise, ressentie. En est-il de même de la Gloire ailée, au visage court et camus, de physionomie vulgaire, qui plane derrière le pauvre diable pour lui poser sur le front une couronne qu'il ne voit ni ne sent venir ? C'est un souvenir du *Gloria Victis*, mais, dans le *Gloria Victis*, les deux figures, celle de la déesse et celle du soldat, étaient également idéales, et M. Mercié n'avait pensé qu'à exprimer une pensée éternelle, non à fixer la mémoire d'événements particuliers. Ce n'est pas certainement sous cette apparence archéologique que nos petits soldats, vainqueurs ou vaincus, voient apparaître la gloire encourageante ou consolatrice, si tant est qu'ils y pensent. Dans *le Rêve* qu'il leur donne, M. Detaille a vu plus juste en faisant défiler, au-dessus d'eux, les vieux chefs des armées, leurs prédécesseurs en courage et en dévouement. Ce qui est vrai pour des représentations contemporaines est vrai pour des représentations rétrospectives. Si M. Theunissen, nous montrant *la Ville de Saint-Quentin protégeant la France contre l'invasion espagnole en 1557*, avait donné à ses deux figures un caractère local et historique mieux déterminé par un respect plus attentif des types et des costumes, croit-il qu'il aurait nui à l'effet de son monument ? Il eût d'autant mieux réussi que nous le savons, par ses œuvres antérieures, un interprète assez puissant et sensible de la réalité. Et n'est-ce pas aux artistes provinciaux à donner l'exemple de cette décentralisation si nécessaire, dont tout le monde parle et que l'on tente si mollement ? La centralisation de la banalité et de l'uniformité dans les arts, dans la sculpture et dans l'architecture notamment, malgré les différences de climat, de race et d'histoire, n'est-elle pas une des plus incompréhensibles, une de celles aussi qu'il serait le plus facile et le plus utile, sans dommage pour personne, de briser ou d'atténuer ? Vous faites des Suissesses, soyez Suisse ; vous parlez à des Picards, soyez Picard.

Un petit projet de monument commémoratif de nos malheurs, *Souviens-toi*, par M. Bareau, est composé d'une façon à la fois plus hardie et plus expressive. Sur le devant se tient un cuirassier assis qui se retourne en entendant, derrière, sortir du tombeau un soldat d'autrefois, mal enseveli, qui lui fait signe. L'allégorie est aisément saisissable, ce qui est le premier devoir d'une allégorie qui s'adresse au peuple. Reste à savoir ce que deviendra, en s'agrandissant, cette esquisse qui perdrait sa valeur si elle tournait à l'emphase et au mélodrame ; or, c'est de ce côté qu'est le péril pour M. Bareau, si l'on en juge par l'affectation de vigueur qui gâte son groupe colossal de deux hommes nus combattant *Pour le Drapeau*. Depuis que la *Mort de Léandre*, une étude d'atelier très distinguée, lui a fait donner, en 1893, une bourse de voyage, les ambitions de M. Bareau ont singulièrement grandi en même temps que ses forces ; c'est, en somme, parmi les jeunes sculpteurs, un de ceux qui semblent annoncer le plus de tempérament. Dans un grand bas-relief de bronze, M. Auguste Paris a représenté le *Retour* à Paris des soldats républicains après la victoire. C'est la contre-partie exacte du *Départ* de Rude. Au-dessus du groupe plane, au lieu de la *Marseillaise*, une République en bonnet phrygien, tenant sous son bras un faisceau de drapeaux ennemis et montrant une couronne de lauriers. Il n'y a rien là, non plus, qui déroute les yeux : c'est facile à saisir.

Un homme qui n'a jamais hésité à aborder de front son sujet, quel qu'il fût, un artiste qui, l'un des premiers, a apporté, dans la rénovation de la sculpture, cet amour intense de la vérité, cette curiosité respectueuse des enseignements de la science et de l'histoire, qui pénètrent peu à peu l'école française, et d'ici quelques années modifieront sa direction, c'est, on le sait, M. Frémiet. Soit qu'il se prenne à une figure historique, soit qu'il mette en scène des comédies ou des drames de la vie primitive et sauvage, avec des animaux pour principaux acteurs, il apporte, en tout ce qu'il fait, la même conscience d'observation, la même liberté et la même franchise d'exécution. Son œuvre, le jour où elle se présenterait dans son ensemble, montrerait en lui l'une des intelligences les plus ouvertes et les plus étendues de notre temps en même temps qu'une des imaginations les plus sensibles et les plus précises. Son *Combat d'un orang-outang avec un sauvage de Bornéo*, commandé pour le Muséum, n'est pas fait, plus que n'était son fameux *Gorille ravisseur*, pour amuser les petites dames. La lutte entre les deux êtres primitifs a été sanglante et courte. Notre vénérable aïeul à quatre pattes ou à quatre mains, beaucoup mieux armé, en tout cas, que le plus sauvage de ses cousins dégénérés, n'en a fait ni une ni deux. De ses deux longues mains de devant, comme d'un carcan de chair, il serre la gorge de l'homme terrassé, qu'il tient, à ses pieds, tordant ses membres nus dans une impuissante convulsion, et renifle avec volupté sa victoire, le museau tendu entre ses vieilles bajoues, pansues et poilues, épanouies autour de ses babines comme de larges soufflets ; près de lui, un de ses jeunes fils, assis et satisfait, contemple, d'un œil attendri, le triomphe paternel, et apprend son métier pour l'avenir. La sûreté de main avec laquelle ce groupe original est agencé et mis en relief dans le cadre surbaissé d'un tympan architectural n'a rien qui puisse surprendre de la part d'un si habile ouvrier ; mais c'est toujours plaisir de voir une œuvre importante conduite avec cette vaillance tranquille et joyeuse qui respire dans toutes les créations ou fantaisies de M. Frémiet.

L'iconographie monumentale s'enrichit aussi, cette année, de quelques bons morceaux. Le *Don Salvador Donoso*, en simple soutane, par M. Marqueste, le *Mgr Sebaux*, en vêtements épiscopaux, par M. Verlet, tous deux agenouillés, sont d'excellentes effigies funéraires. Le style de M. Marqueste est plus ferme et plus sobre, plus simple et plus reposé ; celui de M. Verlet, plus réaliste et plus incisif, plus curieux de l'accessoire et du rendu ; l'un a plus de gravité, l'autre plus de vivacité. Les deux sculpteurs sont des hommes de grand talent et animés tous deux par l'amour de la grande vérité, amour indispensable en de pareilles tâches. Parmi les figures qui doivent se dresser sur des places publiques, nous avons déjà signalé le *Madier de Montjau* par M. Charpentier. Debout, en pardessus fripé et flottant, la main droite vivement tendue, s'appuyant de la gauche au dossier d'une chaise qu'il agile nerveusement, le tribun éloquent respire, dans toute sa personne, une conviction chaleureuse et communicative. Avec toute cette ardeur, la figure conserve de la dignité et de la tenue. Le *Beaumarchais* de M. Clausade, jouant avec sa canne, bien caractérisé, unit aussi, avec bonheur, la physionomie ironique du pamphlétaire à la tenue correcte du financier. La *Marceline Desbordes-Valmore*, pour la ville de Douai, par M. Houssin, ressuscite, avec un sentiment délicat des attitudes romantiques, une des muses les plus sincères parmi celles qui ont chanté leurs douleurs personnelles. Nous voudrions reconnaître aussi bien dans le *Théodore de Banville*, par M. Coulon, l'aisance aimable et bienveillante, la vivacité joyeuse et douce qui charmèrent, jusqu'à la lin, les amis du poète : mais, en accumulant sur sa personne, toujours pétulante et légère, le poids étouffant d'abondantes draperies, et en lui jetant sous les pieds, pêle-mêle, de gros in-folio entr'ouverts et froissés, le sculpteur lui a donné je ne sais quel air de pédant théâtral et désordonné auquel ne devait certes point s'attendre un ami si accueillant de la jeunesse, un chanteur d'esprit si libre et si gai, un bibliophile si soigneux ! Banville n'est pas le premier, sans doute, ni le dernier non plus, avec lequel on en prendra à son aise. Nous sommes accoutumés, depuis longtemps, sur les places publiques, dans les édifices les plus vénérables où devrait régner la seule vérité, dans le palais de l'Institut et ailleurs, à voir la fantaisie des artistes altérer, avec insouciance ou sans scrupules, jusqu'à les rendre méconnaissables, les traits des personnages qu'ils sont chargés d'immortaliser. C'est une pratique déplorable, aussi lâcheuse pour l'art que pour l'histoire. Il n'y a pas de talent qui tienne, un portrait n'est un beau portrait que lorsqu'il ressemble, et s'il ne ressemble pas, c'est que l'artiste n'est qu'un savant ou habile ouvrier, mais incomplet et inférieur. De notre temps, ces erreurs sont d'autant moins excusables que jamais les moyens d'information n'ont été plus sûrs et plus nombreux, que jamais non plus on n'a exécuté avec plus de précision le portrait sculpté, comme le prouvent ici même tant d'excellents bustes, ceux, par exemple, de MM. Moucher (*M. le procureur général Bertrand*), Falguière (*Mme H.-G…*), Cartes (*M. Romet*), Lanson (*M. Challemel-Lacour, président du Sénat*), Enderlin, Fosse, Julien, Bernstamm, etc. ; c'est là surtout qu'il faut, avant toute chose, apporter le souci de la vérité.

Le goût de la vérité, lorsqu'il est franc et profond, et secondé par une main exercée, suffit à faire un chef-d'œuvre d'une simple figure d'étude). Deux modèles très justement remarqués ont été celui d'un *Potier* par M. Hugues et celui d'un *Tireur de sable* par M. Clausade. Le *Potier* est un homme âgé, à peu près nu, assis devant son tour sur lequel il modèle un vase, un potier de n'importe quel temps. Le visage est ridé, mais le corps vigoureux ; et la jambe gauche tendue en avant, le pied droit en arrière sur le plateau de la roue, il fait couler, d'un geste attentif et léger, la feuille de pâte arrondie entre ses doigts avec une gravité d'ouvrier consciencieux qui arrête et qui émeut. Le travail auquel se livre le *Tireur de sable* de M. Clausade est moins délicat et exige moins d'intelligence ; mais il y faut un effort musculaire, pénible et soutenu, que l'artiste a fort bien rendu, ce qui suffit à faire du cette étude, malgré le peu d'intérêt de l'action, un morceau de sculpture remarquable. Ces deux figures du *Potier* et du *Tireur de sable* n'eussent point perdu à réduire leurs dimensions ; on en fera certainement des réductions intéressantes. Une autre figure, très vive et très serrée, dans le même genre, est le *Boxeur* de M. Ciffariello, le meilleur morceau italien du Salon. On ne trouve pas la même sûreté d'exécution dans quelques autres ouvrages estimables dont les sujets sont aussi empruntés à la vie laborieuse et populaire, la *Maternité* par M. Lafont, la *Laveuse* par M. Choppin, les *Vieux Amis* de M. Froment-Meurice, l'*Abandonnée* du M. Boverie. L'un des plus remarqués, le *Déclin*, un vieux ménage de paysans assis sur un banc, se serrant l'un contre l'autre, dans une attitude qui rappelle, en style réaliste, la composition d'*Œdipe et Antigone*, par M. Hugues, dans le jardin du Luxembourg, n'est point, ce nous semble, modelé avec une suffisante vigueur demain ni une suffisante force d'expression pour justifier de si grandes dimensions.

A côté de ces ouvrages qui nous paraissent le mieux caractériser les différentes tendances de l'école, il faudrait encore, pour donner une idée approximative de cette activité sculpturale, trop souvent mal dirigée, signaler aux Champs-Elysées seulement, une cinquantaine d'œuvres intéressantes, soit pour leurs qualités, plastiques, soit pour leurs recherches expressives. Nous devons nous borner à rappeler, parmi les premières, le groupe en marbre de M. Gauquié, *Bacchante et Satyre*, dont le modèle, en 1890, nous avait déjà semblé de la sculpture « forte et joyeuse, bien équilibrée et bien rythmée, vivante et décorative, dans le goût du XVIIe siècle », et qui, dans l'exécution, a même pris plus de style et de fermeté ; celui de M. Thabard, *le Poète et la Muse*, d'un style discret et ressenti, qui a gagné aussi eu se transformant ; la *Phébé*, potelée et vive, de M. Ferrary, assise sur ses nuages d'étain ; l'élégante, fine, un peu grêle peut-être, *Diane*, de M. Lombard ; le *Narcisse* couché de M. Melin, l'adolescent symbolisant le *Lierre* par M. Moncel ; le *Réveil de Flore* par M. Chevré ; la *Vamireh en chasse* de M. Bouval : l'*Irène* de M. Tonetti ; *Une Femme* de M. Vital-Cornu ; l'*Esclave* de M. Aizelin, etc. De toutes les nudités, la plus hardiment réaliste est celle de M. Barrau, une *Suzanne* en marbre coloré, ou, pour mieux dire, une simple baigneuse, debout, en train de s'essuyer, qui ne rappelle, à coup sûr, la jeune et chaste héroïne de la Bible, ni par l'ampleur abondante de ses formes, ni' par son allure et sa physionomie qui sont celles d'une dame expérimentée. L'artiste, reprenant et exagérant l'innovation récemment introduite par M. Gérome, a légèrement teinté les chairs, ce qui contribue sans doute à leur donner plus hardiment l'aspect de réalités souples et palpables, mais ce qui accentue plus désagréablement aussi ce qu'elles peuvent avoir d'un peu lourd et d'un peu mûr. C'est un ouvrage mené avec un grand talent, en connaissance de toutes choses, mais qui détonne, par je ne sais quel air de sensualité provocante, avec la dignité ordinaire ou l'ingéniosité délicate des sculpteurs français.

On éprouve plus de sympathies pour tous les efforts, qu'ils aboutissent ou non, réalisés dans l'ordre expressif. Tantôt ce sont des conceptions humanitaires ou philosophiques, d'une signification confuse, et d'une exécution morcelée, mais vigoureuse, telles que la *Fatalité* par M. Houdain, le *Destin* par M. Icard, d'autres fois des allégories, patriotiques ou scientifiques, soigneusement exécutées, quelquefois un peu incertaines dans le style, mais d'un caractère simple et élevé, telles que les *Fruits de la Guerre* en marbre, par M.

Boisseau, la *Science* par M. Perrin, la *Musique sacrée* par M. Lambert, l'*Inspiration* par M. Desvergnes, ou d'une exécution agitée et décorative, telles que l'*Ouragan* par M. Hippolyte Lefebvre, plus souvent de simples figures d'expression telles que la *Stella Maris*, par M. Coutan, d'un goût très noble, et d'un bel arrangement décoratif, le *Pro fide* de M. Anglade, dont l'attitude est des plus heureuses, mais dont l'artiste a gâté le visage en estompant les traits, suivant une mode efféminée, a la façon des peintres vaporisants, l'*Orphelin* de M. Legrand, etc. C'est péché de voir les praticiens trop habiles demander à cette ferme et belle matière du marbre des petits effets d'aquarelle et de miniature. Ainsi ne saurions-nous partager l'admiration générale pour le bas-relief, si finement ouvragé, si moelleusement caressé, qui nous envoie cette année M. Puech, l'auteur justement applaudi de la *Sirène* et de la *Seine*, la *Vision de saint Antoine de Padoue*. L'afféterie de l'exécution est égale à l'afféterie de la conception. Il serait pénible de voir s'égarer à la poursuite facile de succès sentimentaux et mondains un artiste d'une pareille valeur et dont les débuts nous avaient promis un grand sculpteur.

Le Salon du Champ-de-Mars, comme d'habitude, ne montre qu'un petit nombre de sculptures, mais il contient un ouvrage d'une importance exceptionnelle, le *Projet d'un monument aux morts*, par M. Bartholomé, et, en nous présentant, dans une salle séparée, l'ensemble des œuvres posthumes de M. Jean Carriès, il a inauguré, pour les Salons, un genre d'attraction et d'intérêt qu'on pourrait utilement renouveler. Quelques fragments, d'un style simple et personnel, d'un sentiment très ému, mais isolés et sans lien, exposés par M. Bartolomé, les années précédentes, n'avaient pu que faire pressentir la valeur de ce jeune artiste. L'ensemble de son monument montre, en lui, non seulement un praticien habile et un sculpteur délicat, mais un ordonnateur sérieux et consciencieux, capable de conduire une œuvre de longue haleine avec un esprit de suite qui devient de plus en pins rare dans notre temps. Sa composition, qui comprend une vingtaine de figures nues, se dispose sur la façade, plane et lisse, d'une construction très simple, sans ornements et sans moulures, avec une heureuse clarté. Sur cette façade, divisée presque à moitié de sa hauteur par la saillie du soubassement, s'ouvre, dans sa partie supérieure, au milieu, une porte haute et étroite qui mène au séjour des morts ; dans la partie inférieure, au-dessous, s'ouvre une longue niche montrant l'intérieur du tombeau.

La scène la plus importante se déroule dans le haut, où l'on voit, entrant dans le sépulcre, vus de dos, se détachant en clair sur l'ombre mystérieuse, un jeune homme et une jeune femme, côtoyant chacun la paroi opposée ; la femme pose sa main encourageante sur l'épaule de son compagnon, et ce geste, traversant la nuit, en même temps que l'allure tendrement résignée de son corps, donnent à cette entrée du couple dans l'éternité une solennité douce du plus touchant effet. C'est dans ces deux figures, dont on ne voit pas les visages, que les qualités expressives de M. Bartholomé se montrent, peut-être, avec le plus d'originalité ; mais on les retrouve dans les deux groupes de vivants, appelés aussi par la Mort, qui se pressent des deux côtés de la porte, et soutenus, ici, par une sûreté de science et une habileté d'ordonnance qui rattachent M. Bartholomé aux meilleures traditions classiques. C'est, en effet, à la fois, avec une recherche simple et profonde du sentiment moral, avec un respect attentif des attitudes et des gestes correspondais, avec un remarquable sentiment de la beauté et du caractère plastiques que l'artiste a groupé, de chaque côté, agenouillés, prosternés, assis, debout, suivant la nature de leur désespoir, de leur résignation ou de leur espérance, tous les êtres humains un moment arrêtés au seuil de l'Eternité. Femmes en pleurs ou en prières, couples d'époux résolus ou désespérés, vieillard inquiet ou insouciant enfant, ces figures, disposées, de profil, avec une variété savante du rythme linéaire et du jeu des ombres, en des attitudes appropriées, sont presque toutes aussi remarquables par la souplesse ferme de l'exécution que par la justesse et quelquefois par la nouveauté de l'attitude. Dans la niche du dessous, l'intérieur de la tombe, on voit, de face, descendre une grande figure, aux bras déployés comme des ailes, qui s'agenouille au-dessus d'un couple d'époux, vieillis et décharnés, gisant, côte à côte, les mains unies, au fond du sépulcre ; le cadavre d'un petit enfant, jeté en travers de ces deux cadavres, les unit dans la mort comme dans la vie ; c'est la conclusion du drame, l'idée de l'espérance et de l'immortalité entrant dans la tombe. On a pu discuter, comme on peut toujours le faire en pareil cas, quelques-unes des intentions symboliques de l'auteur, mais nul ne peut se refuser à reconnaître que la présentation générale de la scène est d'une simplicité et d'une clarté qui ne permettent point d'erreur et qui sont de nature à frapper les plus ignorants comme les plus raffinés.

L'exposition posthume des œuvres de Jean Carriès ne montre pas, dans ce jeune artiste mort à 39 ans, une intelligence aussi sainement équilibrée, ni une sensibilité aussi grave et aussi haute que celle de M. Bartholomé. Si l'on en juge par la diversité et par l'inégalité de ses tentatives, dans tous les ordres de création sculpturale, depuis la décoration architectonique jusqu'à la poterie commune, on doit croire que c'était un esprit chercheur et ingénieux, mais saisissant, jusqu'à présent, les choses plus par le dehors que par le dedans, et n'étant point encore entré en pleine possession de lui-même, tout troublé et tout agité, avec une première instruction insuffisante, par toutes sortes d'impressions vives et successives dont il s'exagérait parfois la nouveauté et la valeur. Un livre intéressant et étendu,[1] écrit d'enthousiasme par un témoin de cette courte vie qui fut difficile, laborieuse, estimable, nous montre par quelle suite d'efforts le petit orphelin lyonnais, élevé et protégé par des sœurs de charité, conquit de vive lutte, avec une juste réputation, de fidèles et hautes amitiés, et se mit en tête, comme un autre Bernard Palissy, de renouveler l'art de la céramique française en l'appliquant à la décoration architecturale. C'est devant ses fourneaux, dans un village du Berry, que la mort l'attaqua, en lui laissant seulement le temps de venir dire adieu à ses amis de Paris. A quels résultats auraient abouti ces tentatives d'un esprit ingénieux et souple qui était en même temps patient et opiniâtre ? C'est ce que personne ne saurait dire. Le grand modèle d'une *Porte* en grès émaillé, l'œuvre capitale de l'exposition, dont les montants sont couverts de têtes et figures grotesques, nous donne l'idée d'un pêle-mêle d'impressions confuses tour à tour éprouvée » devant les gargouilles gothiques, les bamboches flamands, les magots chinois, les mascarons rococos, d'où l'imagination, plus troublée qu'éclairée, du jeune homme n'a point su dégager encore une façon propre d'exprimer l'aspect hideux ou grossier de la face humaine. La signification symbolique de cette cohue grimaçante n'est pas d'ailleurs très claire, et l'on s'ex-

---

1 Arsène Alexandre. — *Jean Carriès, imagier et potier* ; Paris, librairies-imprimeries réunies, in-4°, 1895.

plique moins encore son rôle dans une ordonnance architecturale qui manque, elle-même, d'équilibre et de décision. La même intervention de fantaisies ou de réminiscences bizarres, d'un goût incertain et un peu puéril, vient parfois aussi gâter, sous la main de l'habile ouvrier, les belles études de physionomies humaines qu'il sut exécuter, de bonne heure, avec une remarquable vivacité d'analyse et de rendu, et qui resteront l'affirmation la plus heureuse et la plus complète de son talent. L'exubérance et l'étrangeté des accessoires dont son dilettantisme de voyageur naïf écrase ou affuble ses bustes de *Charles Ier*, d'*Évêque*, etc., n'ajoutent rien à la puissance d'expression dont son intelligence d'artiste anime ces visions rétrospectives ou plutôt ils la compromettent légèrement par une apparence d'affectation. En réalité, c'est en dégageant tous ses bustes de ces adjonctions souvent enfantines qu'on en saisit la valeur réelle, la vérité délicate ou profonde, et qu'on y sent une âme sympathique, une âme convaincue et impressionnable, plus apte encore à exprimer des âmes simples, celles des enfants, des jeunes filles, des religieuses, des poètes, des artistes, que les âmes compliquées d'hommes d'État ou de personnages historiques. Carriès, ouvrier expérimenté et ambitieux, poussant à l'extrême l'amour et la recherche de toutes les séductions extérieures de la matière, patines du bronze, colorations de la terre, reflets des émaux, n'échappe guère, même alors, à ces tentations accoutumées ; il est rare qu'il n'encombre pas ses meilleures têtes de quelque coiffure surabondante, de quelque collerette déchiquetée, sous lesquelles il faut chercher la physionomie, comme le fruit sous les feuilles, mais ce fruit est parfois vraiment savoureux. Toute la série des études d'après des types populaires, les *Deshérités*, les *Epaves*, ou d'après des figures d'artistes, soit vues, soit rêvées, *Jules Breton, Franz Hals, Velasquez*, est fort sérieuse et bien personnelle. Le *Buste de Vacquerie*, notamment, en bronze à cire perdue, est une œuvre serrée, précise, ressentie, que tous les musées s'honoreraient de recueillir. Parmi les figures de *Bébés* et de *Jeunes filles*, il y a quelques chefs-d'œuvre de naïveté et de tendresse qui apparentent vraiment Carriès avec les grands artistes du XVe siècle florentin, comme quelques autres le rattachent à la haute et noble lignée des imagiers français. Son dernier ouvrage, inachevé, la *Religieuse souriante*, le montre décidément engagé dans cette dernière voie. Il sentait, comme les chers ancêtres, que la simplicité était l'alliée la plus utile et la collaboratrice la plus précieuse de l'artiste. On peut considérer la disparition prématurée de Carriès comme une perte réelle pour l'art français.

Nous avons vu quelle part les préoccupations architecturales tiennent dans l'œuvre de Carriès et de M. Bartholomé, comme dans celles de tous les sculpteurs qui se font de leur art une juste et large idée. Il est à souhaiter que ces préoccupations prennent une place de plus en plus grande chez les artistes de toute catégorie et de tout ordre, et surtout qu'elles pénètrent, plus qu'elles n'ont fait jusqu'à présent, dans le public qui regarde, qui commande, qui paie. Depuis quelques années, les salles d'architecture, dans les deux Salons, sont déjà moins abandonnées qu'elles ne l'étaient jadis, parce qu'on y a introduit, avec raison, un certain nombre d'objets qui parlent plus vivement aux yeux et les préparent peu à peu à l'intelligence des relevés et des plans, soit des modèles en reliefs, soit des aquarelles pittoresques, soit des fragments de dé-corations complémentaires, vitraux, bois sculptés, céramique or-nementale, etc. Il y a déjà beaucoup de ces objets, il n'y en a pas encore assez, et tant que tout le monde ne sera pas convaincu que la sculpture et la peinture ne peuvent espérer une transformation normale, conforme aux tendances sociales du siècle, que par une collaboration assidue et raisonnée avec l'architecture, nous serons condamnés à voir le talent de nos artistes s'émietter en morceaux d'expositions que les musées, déjà trop pleins, d'un bout à l'autre du pays, ne pourront même plus recueillir. C'est ici qu'une grosse question se pose, question qu'il nous est seulement possible de soulever, à propos de la section d'architecture aux Salons, car, pour y répondre sérieusement, il faudrait pouvoir examiner les prin-cipales constructions, élevées, depuis une trentaine d'années, sur tous les points du territoire : « Non, tous les sculpteurs et tous les peintres ne comprennent pas également leur plus haute mission qui est celle de contribuer à la signification, c'est-à-dire à l'utili-té, à l'attrait, à la beauté des édifices, publics ou privés, grands ou petits, parmi lesquels ou dans lesquels nous vivons ; mais tous les architectes, de leur côté, réservent-ils, dans leurs conceptions, aux sculpteurs et aux peintres, la part qui pourrait leur revenir, ou, lorsqu'ils la lui font, comprennent-ils que le rôle de ces associés devrait être celui de collaborateurs intellectuels et expressifs et non simplement celui d'ornemanistes bouchant, au hasard, les vides de la construction ? »

Quelques heures passées dans la section suffisent à montrer que l'architecture contemporaine est en pleine crise. D'une part, un réveil impérieux du bon sens, dans notre pays même, plus esclave que ses voisins des préjugés scolaires, commence à exiger une plus rigoureuse adaptation des bâtiments à leur destination et le sacrifice des apparences mensongères à une réalité plus logique et plus pratique ; d'autre part, l'apparition de toutes sortes de matières nouvelles, ou du moins mises en œuvre, par l'industrie moderne, d'une façon nouvelle, le fer, les ciments, la terre cuite, le verre, apporte des ressources inattendues qui modifient gravement les anciens systèmes et entraînent graduellement la formation de systèmes nouveaux. Il est bien probable que, dans cette agitation d'idées, toutes les théories exclusives et savantes, classiques et archéologiques, celles qui placent uniquement leur idéal, comme on l'a fait depuis trois siècles, dans l'imitation et l'adaptation des formes antiques ou celles qui, depuis un demi-siècle, le cherchent seulement dans l'admiration et dans l'étude du moyen âge, seront également convaincues d'impuissance et d'insuffisance, il est à croire aussi qu'en disparaissant, elles feront place à une recherche désordonnée, mais active et libre, d'un art plus souple et plus divers, dont les formules devront se plier à la multiplicité et à la complexité croissante des besoins et des goûts développés par un internationalisme intense qui môle, il est vrai, les races diverses, mais qui développe aussi, jusqu'à l'exaspération, leur amour-propre et leur individualisme. Quels seront les rôles à prendre, dans cette évolution, pour la sculpture et la peinture, sous leurs différentes formes, personnelles ou industrielles ? C'est à quoi les sculpteurs et les peintres peuvent déjà réfléchir et ce qu'il serait intéressant d'étudier à l'occasion.

ISBN : 978-1981201211

www.ingramcontent.com/pod-product-compliance
Lightning Source LLC
Chambersburg PA
CBHW070426240526
45472CB00020B/1479